LOS LUGARES SECRETOS DEL MEDIODÍA

Los lugares secretos del mediodía
La historia que NO(s) contamos
D.R. © 2022 | **Blanca Sáenz Gárate**
1a edición, 2022 | Editorial Shanti Nilaya®
Edición: Rocío Aceves y Marcos Reynoso
Imagen de portada: María Paula de la Torre Sáenz
Diseño editorial: Editorial Shanti Nilaya®

ISBN | 978-1-957973-50-0
eBook ISBN | 978-1-957973-51-7

La reproducción total o parcial de este libro, en cualquier forma que sea, por cualquier medio, sea éste electrónico, químico, mecánico, óptico, de grabación o fotocopia, no autorizada por los titulares del copyright, viola derechos reservados. Cualquier utilización debe ser previamente solicitada. Las opiniones del autor expresadas en este libro, no representan necesariamente los puntos de vista de la editorial.

shantinilaya.life/editorial

BLANCA SÁENZ GÁRATE

LOS LUGARES SECRETOS DEL MEDIODÍA

LA HISTORIA QUE NO(S) CONTAMOS

Índice

Prólogo 17
Psic. Pilar Álvarez Tostado Fernández
Dr. Andrés Valderrama Pedroza
Introducción 21
Capítulo 1. Autorretrato 27
Capítulo 2. Demasiado pequeña y demasiada memoria 36
Capítulo 3. ¿Dónde estabas a los siete años? 50
Capítulo 4. Ciudad del sol: el jardín del mediodía 59
Capítulo 5. El internado 68
Capítulo 6. El plato de segunda mesa 80
Capítulo 7. Cinceladas maltrechas 90
Capítulo 8. Mi padre, ¿mi enemigo? 109
Capítulo 9. El mundo de cristal y la pistola del presidente 123
Capítulo 10. ¿Qué hice? 130
Capítulo 11. ¡Bendito dios que no caí al precipicio! 138
Capítulo 12. Sueños cumplidos 141
Capítulo 13. Mi maría, mi rosa rosa 148
Capítulo 14. *Bypass* gástrico 154
Capítulo 15. Depresión mayor 165
Capítulo 16. La culpa 172
Capítulo 17. Pedir ayuda 175
Capítulo 18. Dios no se ha ido y no se irá 179
Capítulo 19. El mejor regalo: devolverte tu
responsabilidad 184
Capítulo 20. Amar, cantar, pintar y escribir: mis pasiones 188
Capítulo 21. Sopla 191
Capítulo 22. Los amigos, las hermanas y los
colores que pintan el mediodía 196
Capítulo 23. Un, dos, tres por ellas y un, dos, tres por mí 199

Dedicado a:

Mi hermoso lugar del mediodía: mi esposo, amigo y compañero de vida, Gustavo de la Torre, y mis tres hermosos hijos, María Paula, José Andrés y María Clara.

Y a todas las personas que han vivido pensando en que no son suficientes o que han pasado por alguna depresión y buscan esperanza.

AGRADECIMIENTOS

Con un corazón lleno de agradecimiento, así es como me siento. Agradecida con Dios por cada persona, cada alma con quien he compartido la vida. Después de vaciarme en las páginas en blanco, retomando mi historia, he caído en cuenta de que no hay casualidades, todos somos maestros y aprendices y nos acompañamos en el camino ayudándonos mutuamente a comprender lo que necesitamos para encontrar nuestra esencia, nuestro valor y darle un sentido a la existencia. La mirada desde la compasión y la conciencia agradecida nos da una perspectiva completamente diferente de la vida, del camino recorrido y el que estamos por andar.

Agradezco la presencia de todos los que nombraré y de los que por descuido olvidé mencionar, de los que ni siquiera supe sus nombres, sin embargo, dejaron algo en mí.

Honro la memoria de los seres que amé y que ahora se encuentran gozando plenos en el corazón de Dios.

Deseo pedir perdón a aquellos que se sintieron lastimados con mis acciones o palabras y agradecer a quienes por alguna circunstancia hicieron algo que me provocó dolor, porque me enseñaron a ser fuerte, más humana y a integrar mi sensibilidad como parte de quien soy.

Le agradezco y pido a Dios que me conserve esta nueva mirada, más compasiva y amorosa, porque todos, absolutamente todos los seres humanos merecemos ser vistos en amor. Desde el agradecimiento también aprendo a poner los límites que necesito para proteger mi alma. Gracias por ser parte de los hilos que han tejido mi historia.

Agradezco a:

Dios, María mi madre del cielo, a ti que me estás leyendo, a mi esposo, mis hijos, a mis padres, mi Yolita, mis hermanos, a Pily Álvarez Tostado, Andrés Valderrama, Isabel Glez., Rocío Aceves, Erika Ojeda, Maru García, Juandieguillo, Frida Ojeda, Shanti, a mis tíos y mis primos (los de cariño y los de sangre), mis padrinos Irma y Pepe Guerra, mis sobrinos, mis cuñados, que me han abierto las puertas de su casa a mí y a mi familia incluso por meses; mis cuñadas y concuñas. De manera especial, a Javier de la Torre, uno de mis grandes maestros de vida, a Came y Lau González., Lourdes Gutiérrez, Moni Sandoval, Elsa y Caco, Lucy y Antero, Martha y Héctor, Reyna y Juan Carlos, Güera, Vero, Emy, Paty Díaz, Alexandra, Erika Cárdenas, Blanquita y Toño, Marta Mancilla, Yari Vargas, Mariana y Fernando, Pita y Poncho, Ale y Peque, Liz y Calolo, Jaqueline y Luis Miguel, Silvia y Arturo, David y Martha, Gabriel Padilla, Alejandro y Maru, Pibe y Nena, Karla Díaz, Camarón y Marcela, Picudo y Betty, Víctor Hugo y Laura, Paco y Magda, Sarita Armenta, Oliverio López, Lucrecia del Villar, Guille Guerra, Mónica López Almaguer, Karla Hintze, Anyul, Namico, Isabel Zárate, Julieta Muñoz, Claudia Saldaña, Fito y Chelito, Fit y Marily, Meritchel y Gordoc, Erika Flores, Anie y Gabriel, Rebeca y Rodolfo, Maricarmen y Toño, Jose y Lalo, Mario y Lety, monseñor Javier Barba, padre Bernardo, padre Marcel, padre Guillermo Musquiz, padre Felipe Ríos, padre Andrés, padre Rubén, padre Chava, Sra. Blanca Bonilla, Sra. Carmelita, Sigrid, Paty Lozano, Ana Martha Hdez., Ale Revuelta, mis niños de Huari, Lore Chanes y Fer Álvarez Tostado, Claudia Ress, Claudia Márquez, Rosalinda, Ruth y Juanito, Diana Méndez, Elena Castillo, Bere Márquez, Yari, Ceci Montelongo, Marcela Valdivia, Judith Torres, Elsa Montante, Ana Clara y Sergio, Mónica Carrascal, Margarita, Moni y Marco Burgos, Luzma, Vero Subirana, Vero Guerra, Vale, Margarita Vives, Gaby Glez., Clau Motilla, Dani, Clau, Marce y Gris Reynoso, Mayra Galindo, Salvador de la Maza, Mónica Salas, David Esmer, Nicolás Pérez Arocha, Juan Eraña, Rosa Laura Sandoval, Carlitos Guerra, Chato Aldrett, Gaby y Tuky Cabral, Aurora Rangel, Vero Berrón, María Calvillo, Sandra Valle, Elisa y Juan Carlos Alvarado, Tere y Ricardo, Jovita y Jorge, Gaby y Luis, Lupita y José Ángel, las Chebs, los Tornillos, Lydia Pesina, Lina, Eileen, Mariela, Maricela Glez., Juany Parras, Edie y Luzdel, Pinwi y Ofe, Nuria Lozano, Elsa Castro, Martha Lee, Eva Pardo, Belenda, Ceci Compeán, la Gallina, Titino, Pablito, Nico y Marce, Moni Abud, Martín y Angelina, Ponchito Castillo y Letty, religiosas del Espíritu Santo y del Verbo Encarnado, maestras y maestros de los Colegios Motolinía, Lomas del Real, La Casita e Hispano Mexicano, Juan Pablo y Ale de Aguinaga y a todos los que me falta nombrar por tener dispersa la memoria.

Agradezco hasta el cielo a:

Mi pequeña María, mis abuelos Elías y Virginia y Emilio y Fina; a mi suegra doña Margarita y a mi suegro don José Angel; a Lucía Camacho, Fernando Luna, Reyna Lozano, Dr. Rafael de Ávila, Chonita, Picos, Edgardo, Ricardo Brandón, Charlie García.

Leer la autobiografía de Blanca ha sido fascinante e inspirador. A través de la magia de sus palabras, te transmite cada dolor y alegría, cada ilusión y desamor; de tal manera que puedes sentirlos en carne propia y comprender por qué los hábitos desordenados pueden llegar a ser un refugio temporal reconfortante para disfrazar los desgarres del corazón ocultos en el inconsciente.

Lo más admirable de esta historia es la decisión y valentía por descubrir las heridas y, abrazada de sus seres queridos, salir de ese refugio para SENTIR, como un carbón ardiendo en la piel, aquel dolor escondido y abrirse a la plenitud de la vida y el amor incondicional que hay en lo más profundo de su ser. Eso es Blanca a través de sus letras y sus canciones: un ser de amor incondicional abierto al mundo.

Juandieguillo

"No toda historia real es verdad, al menos no para todos los personajes, ni toda ficción es mentira, al menos no para todos los personajes", BMS.

PRÓLOGO

Los lugares secretos del mediodía… Cuántos de nosotros tenemos lugares secretos que son lo más privado de nuestra historia; lugares secretos en donde la vida da vuelcos, sabores y sinsabores, alegrías, fracasos, miedo, dolor, incomprensión. Algo insostenible que tiene que ser contado, que al leerlo acompañamos a Blanca en su camino de crecimiento en espiral, ascendente, en la búsqueda constante hacia el encuentro con la fuente de luz en su interior: el reencuentro con su alma.

Las páginas por sí solas nos conducen a este descubrimiento, el de Blanca, el nuestro, el de cada ser humano que reencuentra en sus lugares secretos la luz del alma, el camino de la vida, la magia de la escritura en el proceso de autoconocimiento, en el cual yo estoy agradecida de poder acompañarla y el que ustedes descubrirán en cada letra que completa una palabra, cada palabra que se transforma en frase en el devenir de los sentimientos que se confunden con la piel y que nos hacen vibrar hasta el final de la historia.

Psic. Pilar Álvarez Tostado Fernández

Realmente considero un privilegio que la autora me pidiera escribir el prólogo de este libro autobiográfico. Mucha reflexión, mucha recapitulación en esta historia donde la fortaleza personal de Blanca está basada en sí misma, en su fe, en esa convicción de la deidad y sus símbolos, que finalmente han ayudado a mantenerla viva, sanar heridas, reconstruirse, ser creativa, productiva, inteligente, generosa y muy entera; ahora, llena de sí misma.

Aquel Templo del Espíritu Santo fue mancillado muchas veces, los tres cuerpos fueron golpeados y lesionados continuamente desde la temprana infancia, la pubertad, adolescencia y edad adulta temprana; en la actualidad, todavía si se acerca, la agreden; es su naturaleza. ¿Quién? Quien va a ser... su familia de origen ¿Quién más podría generar en una niña sana la idea de que la mala del cuento es ella? ¿Quién más podría generarle la convicción a alguien de que ser él es doloroso? ¿Quién más podría permitir con su indiferencia, negación y encubrimiento el abuso, la agresión, la humillación, el maltrato de una niña marcada simplemente por ser ella? Se repite una vez más aquella pregunta máxima: ¿cuál es la peor familia del mundo?...

A veces, veladamente, ligeramente, mordazmente, tenuemente, implacablemente, destructivamente, disfrazadamente... **LA PROPIA**. La familia del vecino no se mete contigo, pero esa familia tuya tiene la apariencia de ser feliz, de ser la mejor, de tener a los mejores miembros... a p a r e n t e m e n t e.

Y, a pesar de todo, a Blanca, sus recursos emocionales, su naturaleza y su fe le han dado mucha fortaleza.

Una madre que no pregunta qué te pasa, por qué no sales de la alberca. Una madre que al interpretar la acción lo hace en función de que la hiciste quedar mal con sus amigas, manchaste su imagen social porque eres mal portada. Y un padre que disfrutaba la vida con ella y, cuando se alejó por sentirse desesperada y perdida, nunca se acercó a preguntar qué pasaba o cómo se sentía. Hace una oda a la culpa que Blanca había sentido y la ha secuestrado y castigado toda la vida por lo mismo, por ser ella, una niña, una adolescente, una mujer que no fue aceptada, ni querida, ni amada por los que debieron amarla desde el principio hasta el día presente, de manera incondicional, queda muy claro el camino escabroso que no le había permitido sentirse confiada en sí misma, segura, libre y digna. Aun con eso, ha logrado ser una mujer sencilla, capaz de disfrutar la naturaleza externa en todas sus expresiones, creativa en todo lo que hace, creadora de una sazón propi, único y privilegiado. Pintora, escritora, cantante, música, excelente madre, excelente esposa, excelente profesional, solidaria, cercana y apoyadora de todo el mundo, excepto de ella misma.

El camino ha sido muy largo, desde la infancia temprana hasta aquí ha tenido que defenderse de su atractivo natural, provocando sobrepeso excesivo. Tuvo que deprimirse ene veces con gran ansiedad y miedo a todo. En muchísimas ocasiones quiso ya no estar buscando dejar de sufrir, la mayor parte de las veces en silencio: no fuera a incomodar el estatus y hacer gastar dinero a sus padres. Aprendió a asumir la culpa de las responsabilidades de los cercanos. El sacrificio se hizo normal en ella. Anhelar la paz fue siempre una fantasía negada para ella. Y estando ya lejos de los causantes los fantasmas se fueron con ella y se hicieron parte de su naturaleza.

Este libro es una historia muy valiente del sufrimiento vivido por su autora; es una obra de reconstrucción, es una oda de valentía y es una gran invitación a todos los que sufren a que se enfrenten a sí mismos y puedan dominar sus miedos, resolver sus conflictos, dominar y exterminar sus monstruos, desenmascarar sus fantasmas y crecer. Es también una invitación a ser uno mismo.

"La angustia es el precio de ser uno mismo", dijo Silvio Rodríguez y hay que vivirla y saldar la cuenta.

Blanca ha crecido y todavía le falta, como a todo ser humano, le falta crecer y resolver… es la vida.

Dr. Andrés Valderrama Pedroza

INTRODUCCIÓN

Siempre me ha gustado escribir, disfruto ver las letras sobre la hoja. También me gusta hacerlas de diferentes formas: redondeadas, altas, chaparritas y alargadas horizontalmente; cursivas, de molde, solamente con mayúsculas, con diferentes colores, decoradas... Me encantan las letras, algunas veces llenas de significado y otras más vanas, aunque esto último me lo cuestiono un poco: ¿en realidad habrá palabras vanas o existe alguna razón para la que surgen? Creo que en el fondo jamás carecen de significado; aunque a veces no las entendamos, siempre hay algo en ellas. Ningún diccionario por más completo que sea —y que disculpe la RAE— define completamente una palabra. El contexto en el que se dice, la intención detrás de cada una, el tono, la carga de emociones con las que se habla, se escucha, se lee o se escribe, es lo que le da el verdadero significado a lo que se dice o se escribe. Incluso estoy segura de que quien me haga el honor de leer estas páginas que he escrito les dará su propio sentido a las palabras contenidas en ellas.

    Desde muy pequeña me ha gustado escribir y me imaginaba que escribía mientras garabateaba en mis cartulinas del jardín de niños. En mi álbum de recuerdos de bebé y de mi infancia temprana, en el que mi madre escribió algunos recuerdos y anécdotas, lo dice: "Le gusta mucho escribir, aunque todavía no se sabe las letras, las que dice que son, las hace muy parejitas y redonditas". Está escrito ahí por si algún día mi memoria lo olvidaba. No llevaba un diario, pero siempre me han gustado las libretas y escribía en ellas lo que fuera: ninguna creación literaria ni mucho menos, simplemente vaciaba un poco lo que sentía; algunas de esas cartas las dirigía a Dios, otras a Mickey Mouse o a nadie, simplemente, a mi hoja blanca.

    Un día, cuando estudiaba en el Tecnológico de Monterrey, en nuestra clase de Redacción teníamos que hacer dos ediciones de un periódico. Disfruté mucho esa actividad. En la primera edición escribí un artículo sobre la necesidad de experimentar la soledad en algún momento de nuestra vida. Esa etapa —como muchas otras— estuvo llena de depresión, así que antes de la segunda edición me encontraba en mi recámara sin ganas de continuar, deseando terminar con todo, entonces empecé a escribir y ese escrito me salvó, porque creí escuchar a Dios dictándome, lo que me hizo encontrarle un sentido a continuar.

No seguí creando porque pensaba que eso era una cualidad exclusiva de mi hermana. Ya más grande y con hijos inventé y plasmé en guiones sencillos algunas obras para su Jardín de Niños, La Casita, que se convirtió para mí en uno de mis lugares del mediodía, ahí me sentía, tal cual, en casa, acogida por sus dos directoras, que con el tiempo se convirtieron en amigas muy queridas. Después, cuando los niños tenían ya edad de primaria, les pedían elegir un poema y recitarlo. La mayoría de estos escritos me parecían demasiado sobrios para su edad; otros, demasiado aniñados o trillados, así que decidí hacerlos yo misma: uno sobre lo que significa ser la primera hija, otro que habla acerca de los que se van a trabajar a Estados Unidos y lo que pasan, entre lo real y lo chusco; otro alude a la voz de la conciencia que en los primeros años nos persigue y que termina siendo la voz de una mamá, y algunos más. Es más, hasta una narración sobre el Día de Muertos. En fin, me di cuenta de que me gustaba, pero hasta ahí.

Cierta ocasión, mientras vivía en Estados Unidos con mis hijos, me surgió una idea para una obra, se trataba de la historia de dos mujeres y sus encuentros con el espejo a lo largo de su vida. La volví una plática para mamás, pero seguía con la intención de convertirla en una novela o en una obra de teatro. Por casualidad —o mejor dicho por designios de mi Creador—, por invitación de una amiga, llegué a Guadalajara a un diplomado de Neuroevolución, en el que aprendí mucho; el día del cierre conocí la experiencia de la fundadora de Shanti Nilaya, quien habló de un curso de escritura, de la cual nunca me percaté de que era autobiográfica, simplemente dije: "Esto quiero", pues yo estaba buscando algo sobre escritura para mi proyecto del espejo. Cuando tuve la reunión informativa del curso, me enamoré de la idea y mi maestra me cautivó, así que me inscribí. Lo he disfrutado, me he conocido.

Entonces, ¿por qué escribo?: porque me gusta, porque fluyo, porque descubro, porque me encuentro, porque me despido, porque renazco y porque muero; porque las palabras son mis lágrimas, porque duele, porque gozo, porque invento y relato, porque le da sentido a mi existencia, porque imagino, porque dibujo e ilumino con los colores que quiero; porque engrandezco, porque suelto, porque reclamo y libero, porque no hay freno ni límite, porque lloro las despedidas y disfruto los encuentros, porque me descubro, porque me pierdo, porque me divierto, porque se me da la gana, porque me gusta mi letra y cambiarla de forma y hacerla chueca si se me antoja; porque anhelo, porque vibro, porque viajo, porque me detengo, porque existo en el presente, acomodo el pasado y sueño un grandioso futuro. Porque sano, porque me desconecto, porque amo y porque siento, porque hago el amor a mi horario, porque deseo, porque me desean, porque bebo del infinito manantial de la existencia, porque aprendo, porque enseño, porque oculto y porque muestro; porque admiro, porque abrazo, porque beso, porque doy vida y también la robo, porque entrego, porque arrebato, porque huyo, porque confronto, porque callo y porque grito, porque dejo pasar. Porque creo en Dios, porque conozco a Dios, porque vivo en Dios, porque soy instrumento, porque soy luz, porque tengo también muchas sombras y fríos. Porque soy espejo, porque me veo reflejada en mis palabras, porque amo mi letra "o" sin cerrar, que deja abierto el círculo, dando permiso a que todo continúe. Porque me adueño de mi historia. Porque soy reina, princesa y bruja. Porque en mis hojas me abrazo, me acepto, me amo, me sosiego. Porque me da paz, porque lucho mis batallas, porque fracaso y triunfo cuando quiero, porque me enamoro y me desengaño, porque regreso a mí, porque me alejo, porque estoy, porque desaparezco, porque cuando veo la página relucientemente blanca siento que me llama a gritos y la pluma o el carbón me piden que los tome en mi mano para deslizarlos con sentido o sin él para fluir y vaciarme toda en ese paciente y leal pedazo de papel tan puro, tan auténticamente entregado a lo que yo quiera hacer sobre él.

Escribo, escribo y escribo. ¿Por qué escribo?: porque respiro y escribir es tan parte de mí como eso. Porque escribir es todas las posibilidades de vivir lo que quiero. Escribo porque estoy viva. Y vivo todo porque escribo. Escribe mi alma porque respiro y respira mi alma mientras escribo.

"Sé como te gusta ser y sé congruente contigo mismo; para los demás siempre serás, para bien o para mal, lo que ellos necesiten creer de ti", BMS.

CAPÍTULO 1

AUTORRETRATO

Nací la mañana del 10 de junio de 1974, cuando el sol iba asomándose en uno de esos amaneceres hermosos de la pequeña ciudad donde vi la luz de la Tierra por primera vez, ciudad que se encuentra en el punto más al sur de Estados Unidos y que forma parte de mi identidad por el simple hecho de ser el suelo que me recibió primero. El relato de mi madre sobre mi nacimiento describe que el alumbramiento fue rápido y con poco dolor. Para recibirme, estaban mis tíos, que trajeron a mi dolorida madre dando vueltas por la ciudad cuando ya había empezado el trabajo de parto. No sabían la prisa que yo tenía por nacer. Algunas veces pienso que gracias a esas vueltas en auto es que hoy disfruto tanto viajar en carretera: para mí, manejar es una meditación que me conecta y me calma. Mi padre no logró llegar para mi nacimiento, porque nací pocos días antes de la fecha prevista.

Mi nombre es igual al de mi madre y va bien con mi tono de piel: Blanca. Mi cara es ovalada y en ella se destacan unos pómulos prominentes que se hacen más notorios cuando río; así, a mayor estrepitosa risa mayor prominencia. Tengo la nariz recta y un poco partida en la punta, como si Dios fuera a partir mi barba y alguien le hubiera movido el cincel. Mis ojos son almendrados, ni grandes ni pequeños, de color café claro con pestañas largas; en ellos se nota claramente mi ánimo, mis horas perdidas de sueño, el líquido retenido y también se transparenta el estado emocional de mi corazón. Las bolsas en el párpado inferior son herencia de mi padre. Mi cabello es muy abundante, y, a pesar de estar a unos pocos años de cumplir el medio siglo, aún no se ha asomado ninguna cana; eso se lo debo a mi abuelo materno, quien a sus sesenta y cuatro solamente tenía unas pocas en el bigote, pero su cabello era tan oscuro como el mío. Tarea difícil, describir mis labios que han cambiado con el paso de los años, no son muy grandes, pero sí un poquito abultados; en proporción con mi cara creo que mi boca se ve pequeña y a esa característica le debo el cariñoso apodo con el que mi nana solía llamarme de niña: Piquito de oro.

Mi complexión es mediana y mi estatura está solo dos centímetros por encima de la estatura promedio de las mujeres mexicanas que, según las estadísticas nacionales, es de 1.58m. Tengo manos pequeñas, mis dedos son cortos y mis uñas un poco anchas, y me encantan, cada vez que las veo agradezco todo lo que puedo hacer con ellas. Siempre llevo puestos mi anillo de compromiso y mi argolla de matrimonio: me encanta cómo se ven en mi mano. Soy angosta de hombros y cintura, pero mis piernas y mi cadera se puede decir que se llevan la mayor parte de mi masa corporal. No tengo mucha tonicidad muscular porque el ejercicio no es mi fuerte, el que practico —cuando por fin me decido— es natación; he intentado otros, pero no soy muy ágil y me cuesta la constancia. Me hubiera gustado que Dios incluyera pensar e imaginar como ejercicio, eso se me da mucho mejor. Mis brazos tampoco están muy tonificados, pero no me puedo quejar, más bien agradezco que no se hayan dejado llevar demasiado por la gravedad: para los cincuenta y dos kilos que bajé hace unos años tomaron la mejor forma que pudieron y, aunque no niego que a veces me causa conflicto su flacidez, me encanta tenerlos porque amo abrazar; creo firmemente que los abrazos restauran el alma y nutren el corazón, así como fortalecen los lazos entre los seres humanos.

Estar con mi familia es un regalo que me gusta abrir con amor todas las mañanas y dejarme sorprender por lo que encontraré en cada uno de ellos cada día. Me siento muy afortunada de vivir con mi mejor amigo, mi compañero, mi apoyo y cómplice de mis locuras y con nuestros tres hijos.

Me encanta cocinar, pero nunca puedo seguir una receta y es raro que repita un platillo exactamente igual, cada vez que preparo algo me inspiro y empiezo a agregar ingredientes que después ya no recuerdo; eso sí, los comensales lo disfrutan. Una de las cosas que tengo como objetivo puesto en el tintero es ordenarme y apuntar mis recetas cada vez que cocino algo nuevo. Cuando estoy cocinando pienso que será un regalo para quien pruebe el platillo y mi intención es que disfrute de un buen momento que alimente también su espíritu; también pido a Dios bendición para la familia o el grupo de amigos que compartirán lo que cocine. Agradezco el don de tener sazón, pues cocinar para mí es una forma en que puedo mostrarme y dar mi cariño a todos para los que lo hago.

Viajar en carro, en avión, en barco, en tren, sean viajes largos o cortos, sea a un pueblito o una gran ciudad; caminar por las calles de otros lugares, conocer las artesanías, las personas es un deleite para mí. Me maravilla la naturaleza y los paisajes, aunque no soy muy rústica, confieso que sí me gusta llegar a lugares donde esté cómoda y además goce del paisaje, de los colores, el olor a hierba, la lluvia, el cielo, la luna, la noche con estrellas. Estar en los aeropuertos cuando debo esperar por un vuelo no me causa problema, al contrario, ese tiempo lo tomo como una pausa en el vertiginoso mundo en que vivo, para ver la diversidad en la gente, acompañarme de un buen libro, pasearme por las tiendas, tomarme un café. Es una delicia.

La velocidad pausada y lenta de mi andar no tiene mucho que ver con las revoluciones a las que se mueven mis pensamientos. Soy algo dispersa y creativa, lo que a veces no me deja dormir por pasarme las noches imaginando historias e ideas, pensando en lo que quiero hacer y preguntándome si me atreveré algún día a llevarlo a cabo.

Me fascina pintar y, aunque no lo hago muy a menudo, he hecho algunos cuadros; al igual que para cocinar, no soy muy buena siguiendo técnicas, prefiero experimentar. Pintar, tocar la guitarra, ir a la sierra de día de campo y mecerme en la hamaca viendo los árboles son mis formas de relajarme, me tranquilizan el espíritu callando por un rato al juez intransigente que llevo guardado en mi cabeza.

Me encantan los árboles, me gusta ver sus ramas, las tonalidades de sus hojas, la fuerza de sus troncos; imagino que sienten, que están ahí fuertes y que me enseñan tanto. Me gusta verlos de pie habiendo soportado tormentas, pensar en cómo fue que empezaron a crecer, qué semillas les dieron vida y crearles una historia en mi cabeza. Mi árbol favorito es el sauce llorón, pero todos me gustan.

Hablando de árboles y pensando en las raíces, voy a hablar un poco de dónde vengo. Soy la segunda de cuatro hijas del matrimonio de mis padres y la cuarta contando a mis dos hermanos que son hijos del primer matrimonio de mi papá. Mis padres son del norte, pero de diferentes acentos; de Matamoros, Tamaulipas, mi mamá, y de Parral, Chihuahua, mi papá. Como familia nunca hemos vivido en ninguno de estos dos estados; sin embargo, de igual manera los siento parte de mí, ya que es ahí donde están mis raíces.

El tiempo que paso con mis hermanas es único y muy divertido (cuando no tocamos temas familiares). Llevo una relación excelente con mis cuñados y ahora también se han unido a la fiesta los dos hijos de mi hermana la mayor, que están más cercanos en edad a nosotras que su mamá. Verdaderamente me divierto mucho cuando estamos todos juntos. Amo a mis sobrinos, cada uno, tan diferente y especial, y a mis sobrinos nietos, que han venido a traer aire renovado con ternura y ocurrencias.

Me encantan las reuniones y pasar tiempo con mis amigos. Contar en mi vida a tantas personas hermosas y valiosas es una muestra de la belleza que hay en los seres humanos. Es un gozo tener con quienes compartir la vida, las alegrías y las despedidas, jocosos recuerdos de locuras inexpertas, fragorosas carcajadas, angustiosas esperas y caudalosos llantos. La amistad es algo tan preciado que quiero seguir sumando amigos en mi corazón siempre. Para mí no es cierto lo que dicen de que "los amigos se cuentan con los dedos de la mano", pues he sido bendecida con tantos de ellos a lo largo de mi vida que no me alcanzan los dedos ni de manos ni de pies para contarlos; aunque deje de verlos, los reencuentros siempre son como si nunca hubiéramos estado lejos y menos en estos tiempos en los que escribo esto (año 2020).

Nunca he sido de antros, no bebo alcohol, porque no me gusta el sabor, pero juntarme en casas o en restaurantes con amigos o con familia está en mi lista de pasatiempos favoritos.

Quiero mucho a la familia de mi esposo, que se ha vuelto mía, no meramente por trámite civil, sino porque hemos hecho lazos muy estrechos de confianza y cariño. Las reuniones con ellos se pueden alargar desde la comida hasta después de la medianoche y no se nos acaba la plática, pasamos por todos los temas. Mi suegra, que ya está en el corazón de Dios, donde seguramente algún día nos reuniremos de nuevo, fue para mí ejemplo de vida sencilla y plena, de amor propio y entrega; siempre me recibía con una sonrisa y ofreciéndome lo que tuviera; jamás intervino en mi matrimonio y nunca salió de sus labios un comentario soez o mal intencionado para mí.

En lo profesional, soy licenciada en Comercio Internacional egresada del Tecnológico de Monterrey, institución a la que llevo grabada en mi historia con gran orgullo. Nunca he ejercido mi carrera. Siempre quise estudiar medicina, pero, sin ahondar en más detalles, las circunstancias del momento me llevaron a elegir otro camino y está bien. Finalmente, me siento feliz con mis elecciones, porque no hubiera conocido a muchas personas extraordinarias que a lo largo de los años siguen siendo cercanas, así como tampoco me hubiera encontrado con mi esposo, que es un maravilloso ser humano y un gran compañero. No niego, sin embargo, que algunas veces sueño despierta que soy cirujana cardióloga. Me sigue emocionando cómo funciona el cuerpo humano y cómo sana. Siempre me destaqué en lo académico hasta mi segundo semestre de carrera, en donde empezó un proceso fuerte de depresión profunda y constante que, de no haber sido por mis hermosas amigas que hoy son como hermanas, no sé si hubiera podido terminar ni si hubiera acabado de estudiar.

Llevar orden en la toma de apuntes y notas es algo que toda la vida, desde que me acuerdo, me ha costado trabajo; a pesar de eso, mis calificaciones reflejaban otra cosa y tuve la suerte de aprender fácilmente. Me encantan las libretas, compro muchas y escribo en ellas, y aunque sé que nunca me termino las hojas, cuando veo una que me gusta no puedo huir de la tentación de comprarla y empezar a llenar sus páginas. Aprovecho para mencionar uno de mis puntos débiles, que es la constancia: cambio fácilmente de una actividad a otra. Reconozco que en lo que sí he sido constante es en mi deseo y mi renovación de lucha por tener constancia o, dicho de otra manera: "He sido constante en mis intentos por tener constancia". Suena extraño cuando se lee, pero así es.

Una de mis facetas favoritas en la vida y que agradezco el privilegio de poder ejercer es mi rol de mamá, no dejo de maravillarme con todo lo que aprendo con mis tres hijos cada día: María Paula, José Andrés y María Clara son mis tres grandes maestros. Tal como se los pedí a Dios, como los imaginé siempre y mucho más, no entiendo por qué ni busco hacerlo, pero desde mucho antes de tenerlos, supe que en mi vida existirían una niña, un niño y otra niña. Me encanta abrazarlos, contemplarlos, verlos disfrutar la vida y quererse a sí mismos y entre ellos, emocionarse, pasar por todos los estados de ánimo y sacar lo mejor de sus experiencias; verlos acertar y también equivocarse, simplemente experimentar la vida. Es indescriptible lo que me hacen sentir e innumerables son las cosas que he aprendido con ellos. Siempre estuvo en mis sueños ser mamá y, aunque en un principio no fue fácil (más adelante les hablaré de mi primera María), finalmente llegaron mis hijos y me llenaron de amor. Inspirada por ellos leí muchos libros y tomé cursos; me certifiqué como educadora para padres en disciplina positiva; doy pláticas en las que intento resaltar la importancia de aceptar a nuestros hijos y aceptarnos a nosotros mismos, tratando de quitar los juicios que solamente nos llenan de culpa por creer que no somos "padres perfectos". La aceptación y el conocimiento desde el amor nos llevan a encontrar la manera de hacerlo lo mejor que podemos y hacer sentir a nuestros hijos que son amados, y desde ese amor poner límites que les den estructura.

Cantar y tocar mi guitarra es un gozo. Algunas veces fluye la creatividad y se acomodan las notas y la letra, y se me concede el regalo de escribir alguna canción. La principal inspiración para mis canciones son mis hijos. Otra de mis actividades es el coro que tengo con mis amigas, mis hermanas del alma; hemos coincidido para compartir entre nosotras nuestros gustos y algunos rasgos de personalidad (todas, a nuestra manera, somos mujeres que viven con intensidad y nos involucramos en donde estemos), sobre todo nuestro don de cantar y tocar la guitarra para mover emociones: desde hace más de veinticinco años cantamos en celebraciones religiosas; para mí, esto es un privilegio, porque a través de nuestras guitarras y nuestras voces acompañamos en alegrías y también en momentos difíciles de pérdidas, y ayudamos a las personas a conectar con sus sentimientos por medio de la letra de las canciones, nuestras voces y las guitarras. Ese es un regalo del cielo que agradezco: al triste lo acompañamos a conectar con su dolor y al festejado a celebrar. Cantar es otra forma de abrazar. Aprovechando que nuestros hijos cantan, entre una amiga y yo formamos un coro de niños, cosa que también he disfrutado mucho. Se llama Huari, que significa (de acuerdo con lo que encontramos en la red) 'corazón indomable y transparente', y si acaso no significa eso, no importa, es la representación que quisimos darle.

De alguna forma u otra, Dios me ha llevado a hacer cosas para Él, y, aunque hay algunos temas con las que no estoy de acuerdo con la religión, sí estoy convencida de que Dios es amor y ese amor es lo que estamos llamados a sentir y a transmitir; por eso, me gusta decirles a los niños y a las personas de todas las edades que Dios nos ama sin condiciones. No creo en un Dios castigador ni en un Dios que te ponga pruebas para medir tu fe. Creo en un Dios que te abraza, en Jesús que te acompaña, en el Espíritu Santo que vive en cada uno de nosotros y en María que me da su amor de madre y nos protege. Más bien no es que crea en Dios, sino que lo conozco porque ha estado en mi vida siempre, mostrándome todo su amor y acompañándome en esta experiencia de vida que me regaló. Considero que Dios se presenta en distintas formas a todos, no importa religión, lugar ni tiempo, todos somos iguales a los ojos de Dios (como dice la canción).

Me ha costado ser yo, me ha sido difícil algunas veces estar; me he peleado mucho con la vida, pero he tenido la fortuna de contar con la ayuda de mi esposo, de mis terapeutas, de mis amigas y de muchas personas que me han dado su tiempo, su paciencia y su cariño. Escribí una frase porque tomé la decisión de aceptarme y aprender a quererme y vivir, dice así: "Y un día decidió darle la cara a la vida no como quien enfrenta una batalla, sino como quien se encuentra con una antigua enemiga y deciden hacer las paces para volverse cómplices incondicionales de osadas aventuras".

Amo y abrazo la vida y me permito experimentarla en todo su esplendor.

"El corazón roto de un niño puede tomar años en reconstruirse, pero cuando logra unir cada pedacito termina siendo más fuerte por todo lo que usó para pegarse", BMS.

CAPÍTULO 2

DEMASIADO PEQUEÑA Y DEMASIADA MEMORIA

Como escenario, las figuras de cerámica de mi cuento favorito de Disney: *Blanca Nieves y los siete enanos*, colgando de la pared, la colcha verde con figuras blancas en la cama, en donde muchas veces la pasaba con dolor de oídos, gotas calientes, fiebres, mejorales desbaratados en una cucharada de azúcar y olor a ungüento de eucalipto en las plantas de los pies. Era cuidada la mayor parte del tiempo por mi nana, con quien dormía desde el día en que mi mamá regresó conmigo en brazos de aquella ciudad de Texas donde nací. No recuerdo muy presente a mi mamá en mi primera infancia; sé que la veía hermosa y pensaba que quizá por eso no estaba tan disponible para mí. No es que fuera una mamá descuidada, porque cuando me enfermaba se encargaba de llevarme al doctor y de que yo tuviera los cuidados que necesitaba. Yo era algo enfermiza: al mes de nacida ya había pasado por un internamiento debido a una fuerte infección causada por la bacteria *Escherichia coli*. Mi madre cuenta que la sacaron los residentes del cuarto para intentar canalizarme en mis pequeñas venas, y ella lloraba al escuchar mi llanto, hasta que llegó mi pediatra y los corrió, entonces me hicieron una incisión en el tobillo para poder ponerme el suero. En esa época —y desde que tengo memoria—, mi madre no era muy afectiva, tenía miedo de que mis dos hermanos mayores sintieran que hacía diferencias y dedicaba sus esfuerzos a ganarse su cariño.

Mis recuerdos empiezan desde que tenía dos años o tal vez un poco antes. Desde muy pequeña me sentí inadecuada, me daba pena mi cuerpo y únicamente permitía que mi nana me llevara al baño o me cambiara. En esa época vivíamos en la ciudad de México en unos departamentos. Mi abuela, mi hermano y las dos hermanas de mi nana habitaban el departamento del primer piso y nosotras, con mis papás y mi nana, ocupábamos un apartamento unos pisos más arriba. Algunas veces iba al piso de mi abuela, que tenía colgado un cuadro de un gato montés en el cuarto de mi hermano; ella me platicaba de lo peligrosos que eran esos animales y esa imagen me provocaba miedo y respeto, igual que mi hermano, a quien también le temía desde entonces: lo sentía más fuerte y más importante que yo y sospechaba que no me quería del todo. Mi abuela era muy buena conmigo, me contaba historias de la Revolución, me hacía una sopa de bolitas deliciosa y me enseñaba al policía de la caseta desde la ventana, a quien yo saludaba; este hábito de saludar al policía y de sentirlo mi amigo me ayudó una vez que me perdí en el estacionamiento del supermercado, en el que estaba la caseta del policía que veía con mi abuela a ella yo algunas veces la acompañaba a comprar cosas y jugábamos a que yo me iba por la banqueta y ella por la parte de abajo. En esa ocasión dejé de verla y ella a mí (me había comprado unos Colchones Bimbo); cuando me sentí sola no recuerdo haber tenido miedo, porque "mi amigo" el policía estaba en la caseta y seguro iba a ayudarme, me dirigí a su sitio, me abrió la puerta y me senté a comerme mis Colchones. Tenía solo dos años y no sé cuánto tiempo pasó desde que me perdí hasta que vi que afuera de la caseta estaban mi nana y su hermana, vestidas con sus trajes de color celeste, con botones grandes forrados de la misma tela, hablando con el policía y volví a casa con ellas. Años después supe que ese día mi abuela perdió la razón por unas horas por el susto de haberme extraviado, y mi mamá también la pasó mal.

A pesar de que mi abuelita era muy buena conmigo, no me gustaba ir a su departamento. Ella, impulsada por sus creencias de familias muy tradicionalistas, en sus pláticas me hacía ver la importancia del hijo varón; probablemente de ahí aprendí que mi hermano era superior a mí y que no podía hacer nada cuando me sentía amenazada o humillada por sus acciones o simplemente por su mirada, que me daba temor. Tal vez de ese miedo surgían mis pesadillas en las que veía la mano de alguien más fuerte tapando mi boca o cerrando la puerta y sosteniendo mi muñeca fuertemente, alguien que me veía con una mirada penetrante, entre amenazante y sarcástica, riéndose de mi llanto. Esos terribles sueños quizá empezaron años después, no lo tengo tan claro. Cuando despertaba sentía miedo en forma de un hueco en el pecho, no lo puedo describir. Además, no quería que nadie se enterara de mis sueños, pues creía que podían ver lo sucia niña que yo era, me sentía culpable. Inexplicablemente, hoy puedo hablar de esas pesadillas, que duraron muchos años presentándose ocasionalmente y dejando en mí esta sensación de temor y culpa. Mi abuela, también dentro de sus tradiciones de rangos entre los miembros de la familia, me decía que tenían prioridad los primogénitos y los más pequeños, y, aunque en ese momento yo era la menor, ella estaba segura de que la familia seguiría creciendo, así que yo tenía muy claro que nunca llegaría a ser importante.

Cuando mi nana se iba de vacaciones, me mandaban con mi abuela, para que no me diera cuenta de que partía y evitar el drama de la despedida; sin embargo, la única que se salvaba de mi llanto era mi nana, porque era igualmente triste el no encontrarla al regresar a mi casa. Era angustiante no verla, me escondía detrás de un colchón o una tela. Con el tiempo que ha pasado, mi memoria no identifica bien qué era, pero no quería salir de mi "escondite", de ese lugar que olía a ella, quien era mi hogar, mi refugio: "Por favor, nanita, no te vayas, no me dejes. ¿Qué voy a hacer sin ti? ¿Y si no regresas?, ¿si no vuelvo a verte? ¿Quién me va a querer como tú? Llévame contigo ¿Quién va a cuidar de mí?". No quería encontrarme con la realidad de que no estuviera. El consuelo no llegaba y durante su ausencia vivía con miedo y abrazada a su piyama todas las noches, con olor a su perfume de aceite de Estée Lauder.

Toda mi rutina diaria y mi seguridad estaban junto a ella, la extrañaba desde el segundo en que me daba cuenta de su partida, estaba tan acostumbrada a ser una extensión suya. Por las mañanas, ella me bajaba en brazos para despedir a mi hermana, por quien una monjita o maestra pasaba para llevarla al kínder en una camioneta color guinda, muy parecida a la azul de mis papás; yo la despedía junto con mi nana, quedándome con ganas de ser grande para poder ir también al jardín de niños. Admiraba mucho a mi hermana dos años mayor que yo, la veía especial y, como muchas hermanas menores, deseaba hacer todo lo que ella hacía, aunque por alguna razón desde entonces sentía que nunca iba a ser capaz de alcanzar todo lo maravilloso que veía en ella. Mi hermana se pasaba gran parte del tiempo con mi abuela y con mi hermana mayor.

Pasaba, pues, todo el día con mi nana, la seguía a lavar, a cocinar, a coser o a cualquier cosa que tuviera que hacer; era una niña muy demandante. Cuando tenía que ir al supermercado, yo iba con ella; había un señor que era su amigo, se llamaba Julio. Yo acostumbraba el diminutivo desde muy pequeña. En ese entonces mi pronunciación todavía no era muy buena, así que, de acuerdo con lo que platica mi nana, ella procuraba no pasar cerca de donde estaba Julio cuando yo la acompañaba, porque yo le gritaba: "Adiós, 'Culito', y la hacía pasar penas. No obstante que yo sabía que, de acuerdo con mi abuela, ni por género ni por orden de nacimiento tenía la posibilidad de ser la favorita de alguien de la familia, estaba segura de era la consentida para mi nana.

Cuando cumplí tres nos mudamos a San Luis Potosí. Entré al kínder y mis maestras y las monjitas del colegio me consentían mucho. No cambiaron muchas cosas, solamente que ahora era una casa más grande y vivíamos todos juntos. Para ese tiempo ya era muy obvio que mis dos hermanos mayores no sentían simpatía por mí, tal vez nuestras historias chocaban en ese momento al igual que nuestros caracteres. En ese entonces yo no sabía muchas cosas sobre su pasado, para mí eran hijos de mi papá y de mi mamá, aunque mi hermano le llamaba por su nombre a mi madre; sinceramente, yo no intuía nada extraño. Cada uno de ellos tenía su forma de mostrarme su rechazo. Yo admiraba a mi hermana la más grande, la quería y anhelaba que me dejara estar a su lado, ella jugaba con mi hermana dos años mayor que yo, que tenía el cabello largo y hermoso; yo traía corte de cazuelita, porque así le gustaba a mi mamá. Mi papá hacía traer al peluquero desde la ciudad de México exclusivamente para que nos cortara el cabello, una de esas extravagancias y decisiones que hacían de mi familia una muy peculiar.

Mi hermana mayor me decía que si quería jugar con ellas tenía que ser el príncipe o la bruja y mi otra hermana la princesa, por su cabello largo; yo me ponía a llorar y le pedía insistentemente: "Yo quiero ser ahora la princesa" con tanto ahínco que mi petición se convertía en un berrinche de una niña vista hacia afuera como caprichosa que a como diera lugar quería un papel que no le correspondía, pero que por dentro se sentía muy desdichada por ser fea, inadecuada; deseaba como nada el sentirme importante y ser bonita. Entonces, después de mi llanto, decidían que era mejor cerrarme la puerta y no jugar conmigo, así que me quedaba afuera esperando por si abrían; cuando me calmaba, algunas veces accedía a ser el príncipe o la bruja con tal de jugar; otras fingía la voz para decir que quien tocaba era mi papá; por supuesto, no lograba tenerla tan ronca como para alcanzar mi objetivo, además mi frase era: "Abran la puerta, soy mi papá". Al no tener respuesta me iba con mi nana. Con esto se convirtió en mi sueño tener el pelo largo, pero nunca lo tuve en esa etapa. Esa puerta se quedaría cerrada cada vez por más tiempo. Yo estaba segura de que era diferente a ellas y que, por ser mala niña, berrinchuda y sucia, esa puerta no se abriría. No puedo explicar el dolor que sentía por no poder ser parte de mis hermanas, pero sé que era más grande que mi cuerpo, que me hundía en mis pensamientos y me reafirmaba mi creencia de no ser digna, la cual he arrastrado por años en los diferentes ámbitos de mi vida; espero sanar al sacarla a la luz y aceptarla, y validar lo que siento, sin necesidad de que alguien más lo haga.

Algunas veces me juntaban a jugar y mi hermana mayor dibujaba muñecas, le quedaban hermosas, ya que tiene a la fecha una facilidad innata para las artes plásticas; yo quería siempre que las mías fueran las más lindas y tuvieran corona. Las cosquillas y jugar a taparnos la cara con la almohada hasta rendirnos era uno de los entretenimientos cuando estaba con ellas en el cuarto; con eso me sentía feliz porque podía estar ahí, aunque fuera un pequeño rato. En ocasiones me llamaba "Libélula" o "Puerquito del rancho del girasol", probablemente para ella era una broma, pero esos apodos me dolían mucho a los cuatro años. Cuando me decidía a decirles a mis papás, terminaba regañada y aconsejada a no ser tan llorona, porque ellos le adjudicaban a mi carácter todo lo que yo vivía: comparaban mi temperamento con el de mi papá, que es fuerte, y el de mi otra hermana dos años mayor que yo, en contraste con el de mi mamá, que es tranquilo: otra afirmación con la que me condenaban a no alcanzar nunca la belleza de mi madre, ni siquiera en su manera de ser, a mis ojos todo en ella era perfecto. Me sentía de otra categoría, como si en los hijos hubiera niveles y unos fueran dignos de cuidados y otros no. Volteaba a ver mis brazos y me veía morena, pensaba que por eso yo pertenecía a mi nana y no a mis papás. Hoy veo las fotos y sé que mi piel era muy blanca y me pregunto: "¿Y qué si hubiera sido más morena? El color de piel o la apariencia física no te hacen menos hija, menos hermana, no te categorizan en nada, mucho menos dentro de una familia. Me sentía diferente, indigna, inferior.

Por otro lado, estaba mi hermano, relación sobre la que me cuesta hablar, se me atora algo en la garganta y los recuerdos son borrosos o nulos, pero las sensaciones, como el miedo y el sentirme humillada, están ahí pendiendo en el tiempo. Lo que sí recuerdo es su mirada, que advertí amenazante y que me intimidaba, me hacía sentir sucia, inadecuada. Con algunos gestos me decía sin hablar que sabía tanto como yo todo lo malo de mí, y yo sabía que esa "maldad" tenía que ver con mi cuerpo, probablemente con una sexualidad despierta a destiempo, sensaciones a las que no podía darles explicación y que aún ahora no puedo explicar. Tal vez eran los juegos con mis primos o quizá algo más, pero desde que tengo memoria me sentía sucia.

He dejado de culparme y cuestionarme esos recuerdos. En todos mis años de terapia aprendí que no es tan importante si lo que viene a mi mente sucedió realmente o es producto de mi imaginación, lo relevante es lo que siento cuando todo eso vuelve a mi cabeza. No quería voltear a ver mi cuerpo ni mi ropa interior porque me parecía que tenía un aspecto nauseabundo, por esa razón ocasionalmente me hacían baños de asiento con vinagre, eso me avergonzada y me preguntaba: "¿Por qué yo? ¿Por qué además soy sucia? ¿Es mi cuerpo relleno? ¿Es mi cara? ¿Es que no tengo el cabello largo? Por favor, ¡no quiero esto! ¡No quiero ser yo! ¿Por qué me tocó ser la mala, la sucia, la de mal carácter y a la que no juntan y no quieren cerca? ¡Quiero despertar y ser otra niña! ¡Quiero irme de aquí!". Escuchaba la canción de "Chiquitita", en el tocadiscos de mi hermana, y sentía que era para mí, esa parte melancólica de mi personalidad me llevaba a meterme en la sensibilidad de mis pensamientos.

Mi hermano nunca me llegó a querer, al menos así lo experimenté; como un rechazo absoluto lo sentía también con su indiferencia hacia mí frente a los demás cuando platicaba. Mi sufrimiento no tenía tanto que ver con que mis hermanos me amaran o no, sino más bien con que yo los amaba y las expectativas de una niña suelen ser altas y a veces irreales. Nada podía yo hacer para ganarme su aprobación. Las agresiones cuando nadie veía y las miradas inquisidoras, los desprecios y las notables diferencias entre mi hermana dos años mayor y yo continuaron toda esa etapa de los tres a los siete años. Era una constante el sentirme inadecuada, sucia, mala. Mi papá hacía muchas cosas por divertirnos y tenía primos de cariño con los que jugaba, pero siempre por dentro me sentía así, por eso muchas veces me separaba de los juegos, no me sentía igual que los demás niños.

Me gustaba ir a la casa de mis vecinas, con la señora de al lado, que todavía en ese tiempo no tenía hijos, y una jovencita que vivía a dos casas, que era más o menos de la edad de mi hermana mayor; me sentía muy bien con ellas, les platicaba historias imaginarias y adivinanzas y chistes que aprendía en el colegio. Cuando se acercaba la hora de regresar, sentía dolor de estómago, como si algún castigo me esperara en casa. Tenía miedo. Cuando pensaba en volver veía todo gris y tenía temor de que mi mamá supiera por fin las cosas malas que yo había hecho, que alguien se las hubiera contado mientras yo no estaba en casa.

En esa edad me enfermaba mucho de la garganta y era cuando me quedaba en la recámara de mi mamá con el calentador puesto, porque generalmente era en temporada de mucho frío. Aunque me sentía mal por la fiebre y el dolor, me gustaba estar con ella; la veía tan bonita, sus manos blancas con sus anillos eran perfectas, sus uñas pintadas de color claro, sus dedos delgados, su cabello negro hermoso y su cara tan bella; apenas podía creer que estaba con ella en su cama. Cuando me enfermaba eran las únicas veces en que prefería estar con mi mamá que con mi nana. Deseaba tener un padecimiento crónico como el de mi hermana, que tenía asma, porque la llevaban a la recámara de mis papás para ponerle una vacuna —no recuerdo si una o más veces por semana—. Yo pensaba en la suerte que tenía ella de ser especial y me sentía desafortunada de no tener asma para poder tener más la atención de mi mamá. La veía tan inalcanzable para mí, estar con mi mamá era un escaso privilegio.

Unos meses después de haber llegado a vivir a San Luis, mis tíos y mis primos hermanos fueron a vivir a esa ciudad también.

Mis primos eran cuatro: dos mujeres y dos hombres; todos, mayores que yo. Recuerdo que uno de los juegos consistía en taparnos, para después ponernos retos, que solamente terminábamos haciendo los dos más pequeños; eso provocaba las burlas de los demás, que lo tomaban como una divertida inocentada. Para mí eso me hacía verme como un eunuco. Probablemente otras niñas lo tomarían diferente, pero a mí me reforzaba el juicio que tenía acerca de mí misma y de mi cuerpo. En otra ocasión, nos llevaron al baño a los dos más chicos, accedí a hacer cosas que no quería porque deseaba que me aceptaran, igualmente, cuando salí de aquel baño verde la visión que tenía de mí se tornó más fangosa y ensombrecida. ¿Por qué o para qué me dio Dios tanta memoria desde mi edad más temprana? Lo desconozco y desde hoy decido no cuestionarlo más, simplemente acomodar esas evocaciones e integrarlas en mi historia.

Todas esas cosas y comentarios que sucedían o que escuchaba continuamente acerca de situaciones relacionadas con la sexualidad me iban haciendo sentir cada vez peor y con más ganas de desaparecer. Recuerdo que, al escuchar la canción de Enrique y Ana, la del "Amigo Félix", quería realmente que me llevara al cielo, dormirme y no despertar, enfermarme y no regresar. A esa edad, entre los cuatro y los cinco, no sabía de constelaciones, para mí la osa mayor era una enorme osa, mamá de un pequeño osito de peluche que aguardaba en un lugar para jugar conmigo y abrazarme.

Un día mi mamá se había ido a México al pediatra con mi hermana dos años mayor y con mi nueva hermanita, a una la llevaba por el asma y a la bebé por una hernia en el ombligo. Mi tía de cariño, que vivía a una cuadra de mi casa, me invitó a ir con ella y bañarme en su tina nueva con traje de baño. Yo veía enorme aquella tina de mármol negro. Mi tía era muy divertida y linda conmigo y hablaba muy rápido y mucho y tenía el don de hacerme sentir especial. Me gustaba estar con ella. Cuando salí de mi delicioso baño de tina, mi tía me descubrió unas ronchitas en el pecho, de manera que me llevó a mi casa y al poco rato mi cuerpo pequeño estaba tapizado de ronchas por todos lados, me sentía muy triste y desafortunada porque finalmente estaba enferma como lo había deseado, pero no tenía la suerte de que mi mamá estuviera conmigo, se encontraba a casi quinientos kilómetros de distancia con mis hermanas. Sentí, por tanto, que ni en eso había tenido suerte, pues se me había concedido el deseo de enfermarme para estar más cerca de mi madre e irónicamente ella no podía estar conmigo. Mi papá y mi nana me llevaron con la pediatra, a quien nunca había visto. Tengo la viva imagen de que me quitó la ropa para tomarme la temperatura, siempre lo hacían por el brazo o debajo de la lengua, pero ahora no: me encontraba en mi sentir rematadamente expuesta y con mi papá ahí. ¿Cómo iba a poder verlo después de que había visto la parte de mí que más me avergonzaba? La ausencia de mi mamá y la poca delicadeza de la doctora me recordaron lo condenada que estaba y lo malo y pecaminoso de mi cuerpo. Me diagnosticaron rubéola, la pasé muy mal y sin mi mamá. Volví a confirmar mi creencia de no merecerla.

En esos años, mi padre hizo realidad su sueño de tener un rancho, compró uno y lo llamó Rancho La Blanca, por mi mamá. Nos llevó a conocerlo y nuestros primos de cariño, que eran cuatro y con los que jugábamos mucho, fueron con nosotros. Nos paseamos en una carreta vieja de madera tirada por un burro, una aventura que disfruté; jugamos encantados y la traes. El Rancho aún no estaba desmontado, así que, tirados en el piso como alfombra de espinas, estaban muchos nopales y cactus, eran pocos los que estaban de pie. Mientras andábamos corriendo, yo vi mi oportunidad de hacer algo que seguro llamaría la atención: una roca y un nopal tendido justo frente a ella rápidamente se acomodaron mis ideas y deliberadamente tropecé con aquella piedra y caí encima del espinoso amigo que yacía en el suelo, no fue un accidente, ciertamente lo que quería era caerme y espinarme, quería hacerme daño y que me vieran, pensamiento nada sano, probablemente, pero no voy a volver a juzgar a aquella niña de cuatro, lo que intento es entenderla. Terminé espinada de manos y brazos y me llevaron a la camioneta donde mi hermana la mayor se puso a sacarme con mucho cuidado una por una las espinas. Yo quería hacerme daño, en mi pensamiento estaba arraigada la idea de que era diferente a los demás niños, además de ser muy lenta y torpe para jugar, por lo general me atrapaban primero.

Una de mis ilusiones más grandes era ir a Disneyland. En las tardes después del colegio hacía dibujos para darle a Mickey Mouse y soñaba que me invitaba a su casa y que veía a las princesas. Una de las formas de mi madre de mostrarnos su cariño y hacerse presente era preparando el proyector y poner una sábana blanca en la pared de su cuarto, darnos palomitas y pasarnos las películas de Disney, entre ellas *Blanca Nieves, Cenicienta, La Bella Durmiente, Mary Poppins,* todavía sin sonido, y ni falta hacía, todo estaba en silencio mientras veíamos aquellas cintas proyectadas en la sábana blanca. Es admirable la imaginación que tenemos de niños y lo poco que necesitamos de afuera para estimular a ese travieso y creativo ser que llevamos en la mente. Recuerdo que era necesario un intermedio cuando se calentaba el proyector. Mi madre tenía focos de repuesto porque muchas veces se fundían. Cuando se calentaba, todos los niños que estuviéramos en el lugar empezábamos a gritar "cácaro"; por supuesto, yo no tenía idea de lo que significaba la palabra, algunos años después busqué el origen porque también la escuchaba en las salas de cine ciertas veces; lo que encontré es que se presume que surgió en la ciudad de Guadalajara, alrededor de 1911, donde había un salón de cine en el que se proyectaban películas mudas; como era de esperarse por la época, el señor que pasaba los filmes hacía efectos de sonido para que los asistentes disfrutaran más la película, se llamaba Rafael, quien, según cuentan, era apasionado de su trabajo y muchos lo conocían, en su rostro tenía las huellas que le había dejado la viruela y lucía cacarizo, de ahí que lo llamaran el Cácaro. Entonces, cuando fallaba la cinta que se estaba proyectando o el público requería de él, le gritaban: "Cácaro, Cácaro".

Verdaderamente, disfrutaba esas tardes, no solamente nos pasaba mi mamá películas de Disney, también de nuestra historia familiar, lo cual era muy divertido. Al día de hoy, que escribo esto, yo guardo un DVD en el que se concentraron todas las cintas de la familia y disfruto algunos momentos cuando las veo, incluso estoy segura de que a lo lejos en el tiempo los gozo más porque es cuando veo que hubo, como en toda vida, distintos matices. Hoy he elegido voltear a ver aquellos que son de colores alegres y no solamente los grises.

Ese año mis padres hacían planes para llevarnos junto con mis primos de cariño a Disney, me emocionaba la idea de ver mi sueño cumplirse. Un día mi padre volvió de un viaje con dos noticias que en realidad eran tres: nos cambiaríamos a la ciudad de Guadalajara y la otra noticia era que mi mamá estaba esperando otro bebé, razón por la cual no íbamos a poder ir a Disneyland; sin embargo, iríamos a Houston. Esta última noticia fue la que me temía desde que se había abierto la posibilidad de aquel viaje, mi miedo a que algo se interpusiera se había hecho realidad. Se me cayó la ilusión que tenía de ver a Mickey y contarle tantas cosas, aun así, la noticia del bebé me puso feliz, la llegada de mis hermanas menores me hizo tener unas pequeñas a quien cuidar y proteger y con quien pasar el tiempo sin sentirme la mayor parte del tiempo rechazada; ellas trajeron a mi vida una gran alegría desde que veía a mi madre llegar con ellas en brazos a la casa hasta hoy. Y así empezaron los preparativos para los cambios de ciudad, de escuela, de casa, de amigos y para el viaje de consolación a Houston, en el que finalmente la pasamos bien, con la anécdota de que nos cayó una tormenta cuando estábamos en lo alto de la montaña rusa. Mi padre se encargaba de que la pasáramos bien y que comiéramos delicioso, a pesar de los rayos que se veían destellar en el cielo como si estuvieran furioso; no sentía miedo en aquella montaña porque él iba a mi lado, sus brazos fuertes y sus manos grandes me daban seguridad.

"Cuando un niño experimenta la indiferencia de quienes más cariño necesita, no se sentirá digno de ser amado y podrá haber muchos en su vida que lo amen y aun así le costará aceptarlo, pues no creerá merecerlo", BMS.

CAPÍTULO 3

¿DÓNDE ESTABAS A LOS SIETE AÑOS?

Lo primero que me pidió mi maestra de escritura autobiográfica que escribiera en el taller fue, como si Dios le hubiera dictado la pregunta: ¿dónde estabas a los siete años? Una edad que marcó de manera importante mi vida, por lo que no es una pregunta fácil para responder. Esa dificultad no tiene que ver con la memoria, más bien viene de lo increíblemente doloroso de esa edad, y digo "increíblemente", porque me cuesta creer que todo eso sucedió y más me cuesta por el dolor emocional que tenía; seguramente mi personalidad sensible y lo que viví hicieron que doliera más profundo, al punto de querer esconderme o no existir. Me hubiera gustado vivir en la historia oficial, la que se veía hacia fuera; ese mediodía, la estampa perfecta de la familia feliz. Yo en mi cabeza me sentía desventurada. ¿Percepción? ¿Realidad? No lo sé.

Intenté escaparme de poner en el papel lo que se venía a mi mente cuando pensaba en mi respuesta, y, aunque pude escribir sobre mis experiencias, ninguna de estas fluía con facilidad. Me tomó varias hojas e intentos hasta que decidí ceder a mi recuerdo y ponerle palabras, pasar por encima de la vergüenza y el propio descrédito a mis sentimientos y mi experiencia. Son ya demasiados años de entrar y salir de la oscura profundidad en la que penetro sin pensarlo; por eso, es momento de escribirlo y aceptarlo sin juzgar lo que sea que haya sucedido ni tampoco lo que sentí y siento.

A esa edad muchas niñas hubieran deseado lo que yo tenía: una familia grande, unos padres carismáticos, líderes, centro de atención en cualquier lugar en el que estuvieran; una abuela que contaba historias y vivía con nosotros, una nana que me quería mucho y me hacía mis gustos, un chofer que nos llevaba a todos lados, un mozo que me hacía los trabajos manuales del colegio y una casa grande y hermosa con alberca y casa de muñecas, que me remontaba a la cabaña del cuento de *Blanca Nieves y los siete enanos* de la versión de Disney. A esa edad tomé la decisión de rendirme, perdí mis sandalias blancas y mucho más. Hoy decido ceder a escribir acerca de esto, ponerlo en palabras así, simplemente como lo sentí y como después de todos los años que han pasado, con las lagunas que tiene la memoria, lo recuerdo, y aceptar que ese viaje terminó llevándome al fondo no solo de una alberca, sino del miedo, de la anulación y a un camino de muchas depresiones.

No era nada común que viajáramos todos juntos y menos a un lugar que no fuera la ciudad donde vivían mis abuelos maternos y mis tíos, prácticamente nuestras vacaciones siempre eran para visitar a la familia. Esa vez, en cambio, el viaje fue diferente: fuimos todos incluyendo mis dos hermanos más grandes y mi nana; era Semana Santa y no solíamos salir en esas fechas, pero unos amigos de mis papás que tenían hijos de nuestra edad nos invitaron. Al igual que para la mayoría de los niños, una de las principales diversiones era la alberca y, por supuesto, la playa. El día estaba soleado y nos divertíamos en la piscina, yo traía un traje de baño rojo nuevo, dado que me encantaba estrenar. Disfrutaba jugando con los demás niños, pero empecé a tener miedo porque no me gustaban sus juegos, siempre eran de tortura: él me hundía en el agua hasta que no podía respirar más y entonces me soltaba y empezaba a burlarse de mí, varios años mayor y yo de siete años; era inexplicable el terror que experimentaba. Cuando al fin podía salir a la superficie rompía en llanto en cuanto recobraba la respiración; todo eran risas y burlas por "exagerada" y "llorona". Aquella ocasión sucedió de nuevo, pero el tiempo se me hizo más largo y la fuerza era mayor que otras veces. No podía hablar ni pedir ayuda, porque se suponía que estábamos en un juego; en un momento, sentí un fuerte rodillazo en el abdomen bajo, físicamente me dolió muchísimo, fue una sensación indescriptible, creo que mi cara de terror y mi llanto lo hizo dejarme en paz y ya no lo vi dentro de la alberca. Transcurrieron las horas y yo seguía en el agua, no quería salirme, todavía estaba adolorida; empecé a sentirme peor con mi cuerpo, así que me alejé de la mayoría de los niños, solamente había uno que era mi amigo y le gustaba estar conmigo y a mí con él, nos quedamos en la alberca hasta que se hizo de noche y nos llamaron a cenar. Recuerdo que había carne asada, y, a pesar de lo mucho que me gustaba, no quería salirme del agua, tenía miedo, porque cuando me había intentado salir más temprano escurría agua un poco pintada del color de mi traje y tuve miedo de que me fueran a regañar. No quería tampoco dejar de estar con mi amigo, me sentía bien con él. Finalmente, entramos a la casa y empezaron las burlas y las bromas aludiendo a nosotros, porque habíamos pasado casi todo el día juntos. Es probable que de no haberme sentido sucia no me hubieran importado tanto esas burlas. La verdad era que desde antes yo ya me sentía inadecuada y provocadora y lo que sucedía en la alberca me reforzaba esa creencia que hoy sé que no era más que eso, una fuerte creencia que se instaló en mi cabeza por las circunstancias de la vida, por las vivencias, las percepciones y las experiencias. En ese momento no sabía cómo llamarle, sin embargo, sabía que ya había vivido y hecho cosas que me avergonzaban de mi cuerpo y de lo que yo era. Mientras lo escribo siento ese sofoco y aversión, hice cosas con tal de pertenecer, de que me quisieran, de sentirme especial, y ahora que lo escribo me doy cuenta de que lo he seguido haciendo por años.

Lo que sucedió en ese viaje terminó confirmándome que estaba condenada a ser insuficiente y a ser la niña "mala". En la noche, mis papás y mis tíos de cariño salieron y nos quedamos al cuidado de mi nana y de mi hermana mayor. Yo tenía la piel muy quemada por haber pasado todo el día en la alberca, por lo que me puse crema en la cara, pero no la esparcí bien; cuando entré al cuarto, todos los niños estaban en la cama rodeando a mi hermana mayor mientras ella señalaba mi cara riéndose por cómo me había puesto la crema. Todavía existe una foto que me tomaron en aquel momento. Aquellas risas fueron lacerantes para los días que mi corazón estaba sintiendo tan amenazantes, por lo menos así las viví. Todos los demás niños empezaron a hacer lo mismo: me señalaban y soltaban carcajadas un poco fingidas y otro tanto no al ver mi cara. Mi nana fue por mí a la recámara, me tendió el sofá cama que estaba en la sala azul, y mi amigo, con toda la ternura de su edad y de sus nobles sentimientos, se tendió en el piso al lado mío, donde reanudamos nuestra plática. Los otros niños fueron a acostarse también en la sala azul. Con todo lo vivido dando vueltas en mi cabeza, no podía dormir, así que seguí platicando con mi amigo, el que me escuchaba con sincera empatía y yo sentía que me quería; en nuestro diálogo inocente expresaba que le encantaría ser mi novio si no en ese momento, en algunos años más; yo sabía que estaba muy chica y se lo dije con el mayor tacto posible, haciéndole ver que éramos muy pequeños. Desconocía en ese momento que los demás estaban escuchando, al día siguiente me percaté, ya que hubo más burlas, con las que cada vez me sentía más inadecuada, no cabía en mí la más mínima duda de que algo estaba mal conmigo, con mi físico, con mi forma de ser, con mi orden de nacimiento, con el todo que era.

 A partir de aquel día, la mayor parte del viaje me la pasé ausente, metida en mis pensamientos, perdida en mis fantasías de no estar y de no ser yo. Empezó a gustarme mucho un poema de Gabriela Mistral, "Balada para la estrella", que venía en un tomo de la enciclopedia *El mundo de los niños* y que ponía palabras a cómo me sentía. Desde entonces entendí, aunque no conscientemente, cuánto el arte hecho por alguien más nos conecta con nuestros sentimientos, que no podemos o no sabemos expresar. El poema dice así:

Estrella, estoy triste.
Tú dime si otra
como mi alma viste.
-¿Hay otra más triste?

-Estoy sola, estrella.
Di a mi alma si existe
otra como ella.
-Sí, dice la estrella.

-Contempla mi llanto.
Dime si otra lleva
de lágrimas manto.
-En otra hay más llanto.

-Di quién es la triste,
di quién es la sola,
si la conociste.

-Soy yo, la que encanto,
soy yo la que tengo
mi luz hecha llanto.

En ese viaje solté mi estrella, dejé ir lo que era y empecé a desear tomar brillo de los demás, porque no sabía que tenía el propio y único, al igual que lo tiene cada uno de los seres humanos y cada una de las criaturas sobre la Tierra. Intenté imitar, anhelaba ser como alguien más, porque era malo ser yo. Me refugiaba en el colegio, ahí era buena, se me facilitaban las matemáticas, el español, los concursos de ortografía, las ciencias, la historia, y las maestras me tomaban en cuenta; era jefa de grupo y cada vez participaba más: quería hacer más y mejor. Me volví sumamente perfeccionista y exigente no solamente conmigo misma, también con los demás. Recuerdo a mi hermana la mayor, que me ayudaba con mis maquetas (era su forma de demostrarme afecto) y las hacía espectaculares; sin embargo, a pesar de su esfuerzo y en lugar de agradecer su gran ayuda, les veía las "imperfecciones" a los trabajos que tenían calidad de universitaria y yo era una estudiante de primaria menor. De igual manera le exigía a mi nana: cuando me hacía algún vestido, no quedaba conforme. O cuando mi madre iba a las juntas del colegio, la conminaba insistentemente a que no fuera a repetir ropa. Así, con cada aspecto de mi vida.

Cuando volvimos del viaje, le escribí una carta a mi amigo para continuar con la plática que habíamos tenido en nuestras vacaciones en la playa; en aquella carta le daba (acorde a mi edad, que estaba entre los siete y ocho años) una amplia explicación de las razones por las que no podíamos ser novios, le decía que estábamos muy chicos y que mis padres no me darían permiso de algo así. La madre de mi amigo, en un desayuno en el que estaba mi mamá, enseñó la carta que escribí, supongo que le pareció tierna. Ese día, cuando regresé del colegio, mi madre me llamó a su cuarto y muy enojada, alzando la voz en regaño, me contó lo de la carta y me dijo que le debí de haber escrito que era porque no teníamos edad y no porque no me daban permiso, que estaba muy mal por haberle dicho eso. "Todavía no te sabes limpiar bien cuando vas al baño y ya andas con esas cosas", me dijo; eso me hizo sentir todavía más sucia y mala, pecaminosa, como veía a una mujer que salía en un programa por las noches vestida con algo parecido a un traje de baño, pero con plumas. Acaso esa llamada de atención para alguien con una personalidad e historia distintas a las mías no hubiera sido tan importante; no obstante, para mí representó un golpe a mi corazón y un fuerte dolor de estómago por creerme inadecuada y sentirme *vedette* a los siete.

Lo que sucedió en aquel viaje de Semana Santa a la playa también marcó muy fuertemente mi relación con mi padre. Mi papá, mi mago, mi compañero de juegos; el que me hacía reír y me llevaba a disfrutar los sabores de los pueblos, algunos años con él me sentí una niña feliz en su presencia. Un día estando en casa, apareció mi primer anillo, que se había ido por el lavabo, era una argolla linda con una catarina; recuerdo haberlo llamado llorando para decirle que al lavarme las manos lo había perdido, me dijo que no me preocupara y que me esperara un rato y lo aparecería en la esquina de uno de los escalones del pasillo. A la fecha no sé cómo le hizo, pero fui a la escalera y lo encontré justo donde me había dicho. Amaba jugar con mi papá, éramos tan cercanos; las personas identificaban mi forma de ser con la suya: decían que yo era de carácter fuerte al igual que él; en algunos momentos, esto me hacía sentirme orgullosa, pero en otros no, porque me traía problemas. En mi memoria, veo a mi padre impecable, la mayor parte del tiempo, en su traje, y cuando no iba a su oficina se vestía de *sport*, como él le decía, que era simplemente sin traje, pero también muy arreglado Alto, fuerte… ¡Cómo empecé a extrañarlo! Por las mañanas al despedirse, cuando estaba en casa, me dejaba oliendo a su loción Aramis —nunca la cambiaba—. Un papá amoroso que cambiaría mucho cuando empezamos a crecer y a querer ser más independientes. Por desgracia para mí, desde esa temprana edad empezó a costarme estar cerca de él, a pesar de lo mucho que lo amaba. Con una personalidad atrayente, a donde iba la gente lo saludaba con mucho respeto; le decían "don", un título que no se otorga a cualquier persona joven, y en ese momento mi papá lo era. Trabajaba mucho y yo sabía que era una persona muy importante, porque en cada Navidad recibía arcones y muchos regalos para él y para mi mamá. Me sentía tan orgullosa. Viajaba gran parte del tiempo para ir a juntas de consejo del banco en diferentes sucursales del país, pero para mi papá distancia nunca fue ausencia, de muchas maneras estaba presente. Cómo me dolió a los siete no poder abrazarlo más sin sentir miedo o rechazo y no porque no estuviera presente, lo estaba físicamente por lo menos cada viernes, sábado y domingo, y la semana completa cuando no estaba fuera; él quería seguir jugando conmigo como antes, estaba dispuesto para mí, pero algo pasó que terminó por cambiar lo florido de mis carcajadas por un desierto inmenso en el que ni un abrazo, ni un beso, ni un juego, ni la magia podían hacer que brotaran de mí esas ganas de tenerlo cerca.

A esa edad mi repudio por los hombres, en especial por los más cercanos, comenzó a hacerse evidente y cada vez más fuerte, me costaba sentir a mi papá físicamente cerca, todo él empezó a ser otro para mí: aunque seguía siendo el mismo papá, ya no era igual con él. Al mismo tiempo empecé a sentir más vergüenza por mi cuerpo, por ser yo, me sentía todavía más sucia y cuando se acercaba mi padre a mí quería irme, él no sabía qué había hecho para que yo mostrara esa hostilidad, porque sí, eso sentí desde entonces, y desearía que no hubiera sido así, él sentía mi rechazo y eso lo desconcertaba, lo leo tan duro mientras lo escribo. Estaba muy conflictuada con esa abominación por algunos hombres. Pero los demás no me importaban, yo quería volver a sentirme igual con mi papá. Me dolía y me sentía culpable por no querer abrazarlo, y él se daba cuenta. Cada vez ese rechazo se fue haciendo más obvio al grado de sufrir cuando tenía que ir a darle un beso de buenas noches y recibir la bendición. No toleraba estar con él, y cuando no estaba, lo extrañaba, recordaba sus detalles por hacerme sentir especial: el queso que guardaba del avión para mí porque sabía que me encantaba, el vestido largo que me compró un día para hacerme sentir especial frente a mis hermanos mayores. Él sabía o presentía lo que yo pasaba con ellos y que me hacía sentir profundamente triste, inadecuada, apartada y diferente. A los siete años no sabía todo el tiempo que tendría que vivir con este sentimiento, ese deseo de poder sentir su abrazo y esa imposibilidad de hacerlo libremente. Todo cambió tanto a esa edad y no pude hacer nada.

"El dolor y el amor son dos fuertes motores, el dolor nos mueve de lugar abruptamente, atrozmente, nos recuerda nuestra búsqueda. El amor es más sutil, nos mueve en lo cotidiano, lo común, lo acostumbrado, por eso decido estar PRESENTE para poder experimentarlo y no solamente dejarlo pasar", BMS.

CAPÍTULO 4

CIUDAD DEL SOL: EL JARDÍN DEL MEDIODÍA

La casa de Ciudad del Sol en Guadalajara fue un lugar que sirvió como escenario a grandes celebraciones, comidas con mariachi, personalidades importantes que visitaron a mis padres, un árbol de Navidad rodeado de una cantidad importante de elegantes arcones y sofisticados obsequios que le hacían a mi padre los clientes del banco que dirigía. Aquella casa era hermosa y muy grande, tenía una alberca a la que siempre le vi forma de bota y que estaba bordeada por cantera negra y unas plantas con flores pequeñas que atraían a las abejas; una de esas pequeñas y melosas amigas me picó mientras me asoleaba en el camastro, por eso aprendí a respetarlas y convivir con ellas, pues en primavera había algunas volando cerca del agua. Tengo tantos recuerdos en ese jardín y en aquella alberca.

Mi padre llegaba los fines de semana de la ciudad de México y la carne asada con la salsa martajada de mi abuela, las rajas de mi nana y el sazonador de mi madre eran de lo mejor. Por lo general, teníamos invitados. Mi momento más esperado era cuando mi padre nadaba con nosotras, nos hacía echarnos clavados de maroma y nos cargaba solemnemente hasta caer a la alberca como en el ritual del Cenote Sagrado; era divertido y, aunque ya me costaba mostrarme en traje de baño, lograba sobreponerme. Mi papá nos hacía pararnos en sus hombros para tirarnos de clavado a la parte honda. Algunos fines de semana ponía la casa de campaña en el jardín y las lámparas alrededor de la alberca hacían que en la pared blanca se reflejara el brillo del movimiento del agua. Nadábamos de noche y terminábamos durmiendo afuera, era toda una aventura.

La vida tiene momentos de todo tipo. En esa casa viví diferentes experiencias, algunas de ellas las rememoro con añoranza y otras me gustaría dejarlas atrás. Un rasgo obsesivo, quizá para salirme un rato de mis pensamientos, era contar los escalones cada vez que subía o bajaba un piso, tanto que me aprendí que esa casa, en desniveles, tenía en total setenta y dos escalones de mármol; por la parte de en medio pasaba una alfombra color rojo quemado, sostenida en el fondo de cada escalón por una vara dorada que le brindaba a cada subida y bajada un toque de elegancia. Cada desnivel estaba separado por una hilera de nueve escalones. Hasta abajo, el sótano en el que se encontraba el cuarto de mi abuela paterna y un salón de usos múltiples, parte que se inundaba algunas veces cuando llovía a cántaros, lo cual era una experiencia emocionante, aunque no tanto para mi nana y el mozo don Panchito, que tenían que actuar de inmediato y limpiar todo para salvar los muebles. Los desniveles terminaban en el área de servicio, donde se encontraban la lavadora, el calentador, dos cuartos y un baño. Había mucha luz en aquel lugar, el espacio frente a la ventana que daba a la azotea y la máquina de coser de mi nana.

Tuve celebraciones de cumpleaños organizadas por mi madre, en las que siempre había alguna novedad, se comía delicioso y el pastel era hecho por las manos de mi mamá, que tiene un toque especial para la cocina. Mis amigas esperaban mi fiesta con mucha ilusión, porque además de la comida y los dulces nadábamos y mi mamá organizaba algo novedoso y diferente. En la banqueta frente a la casa, había dos árboles jacarandas lilas, que se llenaban de flores en primavera y tapizaban la banqueta y parte de la cochera de ese color. Recuerdo a don Panchito hacer corajes barriendo aquellas flores que a mí me encantaban. En mi cumpleaños número diez uno de esos árboles sirvió de escondite para un pretendiente regordete de grandes ojos azules, rubio y lacio cabello, quien, acompañado por sus amigos, fue a llevarme un regalo y esperaba la oportunidad de que alguien saliera, para dármelo. A mi madre le pareció tierno. Finalmente, logró enviarme el regalo con una de mis amigas; al abrirlo vi sonrojada un dije en forma de la mitad de un corazón, con una cadena; me dio gusto y pena al mismo tiempo.

Por lo general, al terminarse la fiesta en mi cumpleaños el 10 de junio llovía, de esas tormentas que caracterizan a la hermosa Perla de Occidente. Esa vez la lluvia hizo a mi tierno y romántico pretendiente y a sus amigos salir a toda velocidad de regreso a su casa en sus bicicletas, una escena que hoy que la pienso me parece de película. Cada año le indicaba a mi madre una cantidad de invitadas, y se preparaba para más, porque sabía que yo seguramente querría tener ahí a toda la generación.En esa casa celebramos mi primera comunión, el 22 de mayo de 1981, uno de los eventos que mayor ilusión me daba. Recuerdo que mi mamá nos compró los vestidos y mandó hacer los tocados. Yo contaba los días. Como en cada evento, mi madre se lució con la organización; con la ayuda de mi abuela materna, a quien no se le complicaba nada con respecto a la cocina, y la de mi nana y algunas tías, preparó todo. Cada mesa tenía como centro un pastel en forma de rosca decorado con azúcar glas y espigas y uvas al costado. Las invitaciones las hizo mi hermana mayor con una técnica en papel albanene y una letra perfecta. El jardín lucía hermoso con las mesas puestas y el patio también. En la terraza se montó un bufet mexicano con tamales veracruzanos y norteños, sopes, fruta, yogurt, jugo, todo servido por unos meseros con atuendo de chef, música de fondo, la fuente de la entrada adornada con flores, al igual que una carreta y la alberca repleta de flores blancas. La primera comunión fue a las nueve de la mañana. Y la noche anterior, mientras preparaban todo, se fue la luz por un rato, lo que asustó a mi madre, sin embargo, todo salió perfecto. Por la tarde, a las cinco, fue el bautizo de mi hermana menor y la fiesta continuó hasta la madrugada, hubo mariachis. Mis amigas fueron un rato y mis primos de cariño, de diferentes lugares del país, también asistieron. Yo cuidaba que mi vestido no se maltratara y tenía la encomienda, por parte de mi tía y madrina de bautizo, de pasar con todos los invitados a que me firmaran el álbum de recuerdos que ella me había regalado, así viví la mayor parte del evento. No me sentía bien para integrarme con mis primos y mi hermana dos años mayor, quienes por la noche se pusieron sus trajes de baño y se metieron a la alberca. Yo no me estaba cómoda de hacer eso, no me gustaba la sensación de las flores tocándome la piel. Además, a mí me importaba más quedar bien con mi tía y que viera que había hecho lo que me pidió. Recibí muchos regalos y en mi álbum, hoy que lo veo, tengo palabras muy lindas de mis tíos y de personas que quise y que ya no están. Fue un evento del que recuerdo la misma alegría y emoción con que me desperté aquel día.

En esa casa vivían mi hermana mayor y mi cuñado justo cuando nació mi primera sobrina, de la que recuerdo la ilusión que me trajo su llegada, me la podía pasar observándola dormir, así, pequeñita en su cuna, con su carita y sus manitas tan tiernas. Algunas veces, para que mi hermana y mi cuñado bajaran a comer yo me quedaba cuidando su sueño. Amaba estar con ella. Solo estuvieron ahí por un tiempo y la extrañaba cuando se fue.

En la época en que estaban viviendo con nosotros, mi cuñado tenía una tortillería, a la que me gustaba acompañarlo; me la pasaba muy bien con él, pues me contaba muchas cosas interesantes. Tengo presente que en el eclipse de sol de 1984 le hizo una pequeña perforación a una hoja y por ahí pasaba la luz, logrando que se reflejara el eclipse en la hoja de abajo. Era muy inteligente y divertido; me enseñó a hacer agua de limón y a dar veinte vueltas a la alberca nadando de crol sin parar. Yo me sentía arropada y querida por él.

En esa casa disfruté también del otro lado de la moneda. Por supuesto que en mi vida no todo fue gris, hubo otros colores que me costó admirar porque por dentro no los veía; sin embargo, hoy que lo recuerdo, esas memorias con los años me traen alegría y se iluminan con tonos inesperados.

Mientras he transcurrido este camino autobiográfico, a mi madre la veo como una mujer a quien le agradezco la vida y su forma de mostrar el cariño, sin negar que hubo cosas que me hubiera gustado que se dieran diferente. Abrazo a mi madre desde el corazón con todo mi amor y mi respeto, sé que hizo lo mejor que pudo con lo que tenía; venía de su propia historia y eso la llevó a tomar decisiones que algunas veces yo percibí con dolor, mas todo eso me enseñó a ser la persona que ahora soy al momento de escribir y que se reconoce llena de agradecimiento.

Por otro lado, está mi padre, mi gran maestro de vida, le reitero mi admiración por salir adelante con una historia tan dura y de tanto rechazo detrás; al igual que mi madre hizo lo mejor que pudo con lo que tenía. Hoy lo abrazo sin juicios.

26 de septiembre de 2020

A MIS PADRES EN SUS BODAS DE ORO

Y así empiezan a tejerse las historias, las personas se encuentran por "coincidencia" y en cuestión de instantes se cruzan los destinos y se aventuran a compartir, sin vislumbrar todo lo que les espera en el kilometraje de la vida.

Ellos se conocieron, él dice que ella le coqueteaba y ella asegura que era él quien la buscaba. Entre tantas y tantos se unieron precisamente ella y él: Blanca y Manuel. Seguramente si has escuchado estos dos nombres juntos y has coincidido con ellos en la vida, sabrás que hablo de esa pareja avasalladora, con personalidades y presencia atrayentes, pensar en ellos es imaginarlos alegres, cantando, recorriendo kilómetros entre ciudades y pueblos. Es traer a la mente a una mujer extraordinariamente hermosa y a un hombre fuerte y bien plantado. Norteños de diferente acento, paisanos de muchos porque en los lugares en donde estuvieron se sintieron bienvenidos: México, León, Veracruz, San Luis, Guadalajara, Matamoros, Parral y del otro lado del charco: Brownsville, San Antonio, McAllen. Además, tantos lugares que visitaron. Juntas de consejo, reuniones importantes, fiestas, comida, mariachis, amigos (algunos perdurables y otros de temporada).

Seis hijos, dos y dos son cuatro y cuatro y dos son seis y cinco son ellas y uno es él. Los llenaron de recuerdos que seguramente al pasar de los años los ven con dulce nostalgia, de esa que se disfruta porque se vuelve a vivir cuando se piensa, cuando la remembranza nos lleva al cenote sagrado y a la casa de campaña, el rancho, la fogata, el riego de aspersión que nos dejaba la ropa empapada y el corazón alegre. De esa que recordamos lo que se siente poder apuntar a tu mamá para ayudar en la escuela y saber que contarás con ella y que se lucirá en lo que haga, que cuando le solicitaban si podía hospedar a una o a dos niñas, llevaría a diez, más las que ya había en casa y las recibiría con una olla llena de hamburguesas y para despedirlas una carne asada con todo y monjitas que las acompañaban. También el oído recuerda cuando empezabas a escuchar el mariachi tocar "El Herradero", "Paloma Negra", "Ay, Mamá", "Arrieros Somos", entre otras, y sentías ganas de gritar: "Esa es mi mamá" o "Por un Amor" y sabías que era el turno de tu papá. Sin saber en qué momento nos aprendimos cientos de canciones, tal vez fue en los viajes largos a visitar a nuestros abuelitos y tíos.

Y cómo no llevar en el corazón a la abuelita Vicky con sus tantas historias y sus cartas a Leonor, y a abuelita Fina con su cabrito en sangre y sus tortillas de harina que un día ex-

trañaríamos tanto volver a probar, y al abuelo Emilio de "Ahuequen el ala" y "Nos agarró una tormenta tropical que puso en peligro nuestras vidas". A nuestros tíos, los verdaderos que tanto queremos y a los muchos que tenemos de cariño.

Ni hablar de la belladona que todo lo curaba, ya nada más faltaba que se pudiera resanar la pared con ella y curar una herida con cinta gris, deshidratar flores y hacer cuadros y, por qué no, escuchar que se nos leyeran libros de Niní Trevit Se me está acabando el tiempo, Hay que dar sabor al caldo y Cómo pescar marido en 25 días y conservarlo 25 años, y vaya que mucho se nos quedó.

Y esperar que llegara él de la oficina para jugar al lobo o para que te hiciera la magia de sacar una moneda de la oreja o de aparecer tu anillo de catarina que se te había ido por el lavabo. Un gran mago para crear memorias, mi papá. Si algo nos enseñó fue que había "tragaderos" por todo el camino y que él se los conocía perfecto, aunque estuvieran escondidos, así fueran los quesos de Cuencamé o las carnitas de Ojuelos, se le iba haciendo agua la boca doscientos kilómetros antes de llegar a las fajitas de Victoria, los helados de Lagos, la fonda El Reloj, las carolinas de Parral, entre muchas y muchos más.

Llevar el banco a la kermés de la escuela fue de las cosas que él y ella llegaron a hacer. Vestirse de invierno y olvidar el diálogo en la televisión en vivo nos dejó una carcajada cada vez que lo recordamos. Disfrazarse de conejo, todo un señor. Y ella, pulirse siempre con las ideas apoyada por la nana que cosía hasta los vestuarios de los bailables para una despedida de una de las épocas más lindas que podemos recordar.

Es el conjunto de cosas lo que ha hecho esta historia de amor tan rica de errores y aciertos, de subir y bajar y volver. Por eso, cuando él piensa que no ha hecho nada y que le falta hacer, quiero decirle que voltee a ver a mis maravillosas hermanas, que me vea a mí, a todos sus increíbles nietos y yernos, todos ellos honrándolos a él y a ella a través de vivir, disfrutar, equivocarse y retomar. Al mirarlos podrán estar seguros de que han hecho mucho y trascenderán dejando huella como un matrimonio diferente y especial. Y aquí, algo de lo mucho que aprendí:

Que distancia no es ausencia.

Que es mentira que segundas partes nunca fueron buenas.

Que un amor nos transforma la vida.

Que puedes llegar a amar a los hijos de otro como tuyos.

Que no tiene por qué ser cierto que el amor acaba, porque bien puede durar toda la vida.

Que lo material es efímero, pero el amor verdadero es eterno.

Que quien te ama no ve tu estado de cuenta.

Que hay que saborear la vida, así te sirva el plato más elegante o el taco más sencillo.

Que la vida cambia y el amor se adapta.

Que estaba la pastora larán, larán, larito.

Que las papas no se comen crudas y no se soban las panzas de las que parecen embarazadas. Los quiero A TODOS con todo mi corazón.

Blanca M. Sáenz Gárate

"La realidad es eso que nos contamos de lo que vivimos", BMS,

CAPÍTULO 5

EL INTERNADO

Era el verano del 86, después de haber vivido parte del Mundial y una despedida incompleta de aquella hermosa ciudad de Guadalajara, terminaba sexto de primaria: me hacía mucha ilusión la entrega de mi certificado y mi diploma; por desgracia, no fue como lo esperaba y es que algunas veces las expectativas nos llevan a tener desilusiones, y como niños solemos tenerlas muy altas y muchas veces inalcanzables. Mis padres se encontraban muy ocupados con el cambio y mi madre partió antes de la ceremonia de entrega; mi padre y mi hermana dos años mayor que yo fueron un rato a la misa, pero se salieron temprano y no estuvieron en la entrega. Me sentí muy sola. Se acostumbraba a mojarse al final con globos con agua y cortarle la pechera al uniforme para autografiar las blusas, pues ya en secundaria este mismo no la llevaba, sino un chaleco de tela azul que cerraba por un lado. Cuando terminó la ceremonia todos estaban con sus familias, y yo me quedé con aquel amigo que esperaba por mí en uno de mis cumpleaños debajo de la jacaranda y que me visitaba y había llegado a conocer a mi familia; aquel tierno niño rubio tenía una hermana gemela que también era mi amiga, los dos me acompañaron caminando de regreso a mi casa, que ya estaba prácticamente vacía. Sentí culpa por experimentar tristeza de que mi madre no haya estado conmigo, me sentí una exagerada, después de todo era primaria; pero algo me dolía enormemente, aunado a que mi maestra había decidido no darme el lugar que mi promedio ameritaba, a pesar de ser la de mejores calificaciones en ese grado, todo porque estaba molesta conmigo porque no pude hacerle un dibujo que me pidió para una presentación de algo que estaba estudiando y decidió ubicarme en el tercer lugar, empatada con otra compañera. Para mí, eso era importante, mas no podía acudir a nadie para reclamar lo que, de acuerdo con mis cálculos tenía la seguridad de que lo merecía. Se llegó la noche y dormimos en casa de la hermana de mi madre. Al día siguiente nos fuimos a San Luis.

Llegamos a vivir a una casa de una sola planta: todo era nuevo y más pequeño que el lugar que habíamos dejado atrás. Nuestros amigos de la infancia ya no eran los mismos, habían crecido, al igual que nosotras, y ya no era tan sencillo volvernos a adaptar, pero eso se volvía peccata minuta frente a la emoción de comprar todo lo que íbamos a necesitar mi hermana y yo para la nueva aventura que nos estaba esperando en aquel internado en el Valle de Texas. Recuerdo repasar la lista una y otra vez y fantasear con las ideas de lo que sería aquella experiencia.

A finales del mes de agosto, el día 28 para ser exactos, mi madre, acompañada por su inseparable hermana, fue a dejarnos a nuestra nueva escuela. El lugar que habían elegido mis padres para que estudiáramos inglés especial o English as Second Language (ESL) se encontraba a escasos cuarenta minutos de la frontera; mi hermana mayor ya había estado ahí doce años antes que nosotras y mi familia materna, de manera muy especial mi tía, se encontraban a solo unos kilómetros cruzando el puente. La tía de quien les hablo es todo un personaje y siempre ha estado muy presente en mi vida, es mi madrina de bautizo; cada verano pasábamos largos períodos con ella, nos llevaba a muchos lados, entre esos a varios palenques de las ferias de Matamoros, Reynosa, Río Bravo y Valle Hermoso, porque mi tío era dueño de esos palenques. Desde muy pequeñas veíamos en primera fila conciertos de artistas como Emmanuel, Dennisse de Kalafe, Yuri, Luis Miguel, Mijares, José José, Lucero, El Puma, Vicente Fernández, Juan Gabriel, Lupita D'alessio, Lucha Villa y hasta Olga Breeskin. Los recibíamos en el camerino porque hacía demasiado calor y cuando nos cansábamos de andar con la nana de mis primos, que era como nuestra nana también en los veranos, a quien extraño desde que partió al corazón de Dios y quien por cierto era prima del famoso cantante Rigo Tovar, nos íbamos a refugiar en el fresco del camerino hasta antes de comenzar el concierto. Jugábamos algunas tarjetas de bingo que mi tío nos mandaba con las camoninas. Éramos muy consentidas por ser las sobrinas del empresario.

Verdaderamente, la frontera es un lugar que se cuece aparte, es un gran circo de historias: contrabando, influencias, infidelidades, por nombrar unas cuantas; es un lugar muy distinto al centro o a cualquier otra zona del país. Sin embargo, para mí, Matamoros es —como dice la canción del difunto primo de mi nana del verano— "mi Matamoros querido", porque pasé muchos días felices con mi tía, la hermana de mi madre, y mis primos. Mi tía cuidaba muy bien de nosotros y de nuestra castidad, cuando crecimos nos aconsejaba diciendo: "Ustedes no suelten prenda, de los hombros para abajo nada".

Por otro lado, en aquella ciudad fronteriza tan enigmática también vivían mis abuelos maternos, recuerdo llegar a la casa y ver a mi abuela en la cocina preparando tortillas de harina, dándole la forma con el palote y poniéndolas en el comal caliente, donde se esponjaban soltando un delicioso aroma y les untaba mantequilla y nos daba una, a la fecha las extraño, no he vuelto a probar tortillas igual a las de ella, con ese sabor a abuela y su machacado con huevo. Mi abuelo no siempre estaba, pero yo lo recuerdo sentado en la mesa del desayunador esperando su machacado con tortillas de harina y hablando con su acento norteño y sus ojos alargados y grandes de color verde aceituna, era un señor de gran tamaño con unas manos enormes y gruesas, y nos hablaba cariñosamente. Todo el día olía a comida, a cabrito cocinado en sangre, a carnita con masa y arroz con comino, desde metros antes de entrar se percibía el olor delicioso y se abría el apetito. Después de comer nos salíamos a mecernos en las hamacas del corredor o nos dábamos vuelo en las mecedoras ya al atardecer.

Aquel 28 de agosto, cuando fueron a dejarnos en el internado, sentía tanta emoción que mi estómago se movía imparable, ya me urgía quedarnos con todo nuevo. La directora de dormitorios era una cubana ya mayor, que nunca se había casado, tenía un tic nervioso y movía mucho los hombros y la cabeza, más tarde me enteraría de su trágica historia en las cárceles de Cuba, perseguida por el régimen de Fidel Castro. Las habitaciones compartían baño entre dos, excepto la que daba al departamento de miss Meza, la directora; en ese cuarto normalmente estarían tres estudiantes, pero miss Meza simpatizó casi de inmediato con mi madre y nos asignó la habitación 26 a mi hermana y a mí exclusivamente, contigua a su estancia, lo que significaba dos cosas: una, que no compartiríamos baño con nadie más y dos, que nos otorgaría en silencio, pero a todas vistas, el grado de "consentidas".

Entramos al cuarto y empezamos a acomodar nuestras cosas. Había tres camas muy pesadas de oscura madera, tres clósets y tres ventanas que abriríamos solamente los sábados por la mañana, que sería el día de revisión de limpieza, porque había aire acondicionado necesario en aquel calurosísimo clima. Nos llamaron a comer, lo cual se nos hizo extraño, pues tan solo eran las doce del día. Unos días después nos acostumbraríamos.

La cafetería estaba en medio de toda el área, se comunicaba por unos caminos de concreto con las demás construcciones y estaba rodeada de jardines perfectamente podados por Mr. Ray, el encargado de mantenimiento. Antes de empezar a comer, bendecíamos los alimentos para después pasar con nuestra charola a servirnos. Había algunos platillos que me gustaban, pero otros eran casi incomibles, como uno al que apodamos "la carne volcánica", el porqué se lo dejo a su imaginación, solo recuerden cómo se le llama a cuando los volcanes hacen explosión... Eso nos pasábamos haciendo todo el día después de comerla.

Al terminar la comida nos citaron en la biblioteca para hacernos un examen que nos ubicaría en el nivel de inglés en el que estaríamos el ciclo escolar. En la noche habíamos tenido una plática de bienvenida en el salón de televisión, en la que se nos dieron todas las instrucciones de horarios y reglas. Se sentía tan emocionante todo, todas teníamos una tarea que cumplir que se cambiaba cada seis semanas, como lavar los platos, sacar la basura, barrer los pasillos. Yo estaba feliz hasta que a miss Meza se le ocurrió decir: "Bueno, quiero presentarles a Blanquita, ella es la más pequeña de todos en el internado, niños y niñas, así que les voy a pedir que entre todas la cuidemos". Lo dijo en una época en la que lo que quieres que te digan es que ya eres mayor; yo acababa de cumplir doce en junio y la que seguía de mí en edad casi cumplía trece, y de ahí catorce, quince, hasta 20 años, porque era High School.

Por ser una escuela bautista, los domingos acudíamos al servicio religioso en falda o vestido por debajo de la rodilla, muy arregladas. Un servicio dominical que duraba tres horas o más y consistía en clase de Biblia, alabanzas y prédica. Los primeros domingos ibas a distintas iglesias y después seleccionabas una; yo elegí en la que nos daban donas al final. Los domingos eran los días que menos me gustaban, después de misa llegábamos a comer y de 1:30 a 2:30 teníamos hora de descanso (muy aburrida, por cierto), pero de acuerdo con miss Meza muy necesaria para la salud de la mujer y para no arrugarse tanto de viejita; después nos tocaba un rato libre. La cena era a las cinco para ir a capilla a las seis, donde el pastor predicaba y pedía al finalizar que pasaran al frente los que aceptaban ese día a Jesús como su Salvador; yo pasé algunas veces únicamente por curiosidad, a ver si sentía algo extraño que me hiciera hacer las cosas que hacían algunos de mis compañeros al pasar y cerrar los ojos, pero no fue así como yo llegué a conocer a Dios, aunque no niego que aprendí mucho de Biblia en aquel lugar. Después de la capilla íbamos a los dormitorios a la hora de estudio, que teníamos de domingo a jueves de 7:30 a 9:30. No me gustaba esa hora, por el contrario, se me hacía larga y tediosa, y es que nunca me ha gustado que me impongan horarios, aunque soy consciente de que servían para disciplinarme un poco. Lo que me encantaba era el momento de salir del cuarto luego del supuesto estudio, porque había una costumbre muy divertida en el internado: quince minutos antes de terminar la hora, una caja café con cerrojos estilo antiguo pasaba por cada cuarto a manos de las dos elegidas de la semana para llevar la encomienda del correo entre los dormitorios de niñas y niños; ellas recogían la carta para ser entregada a mitad del camino hasta donde se nos permitía llegar a las niñas y de donde no se les daba acceso a los niños. Del otro lado, los dos suertudos del dormitorio contrario llevaban una caja igual, pero con contenido de cartas de su dormitorio. En el *lobby* nos reuníamos todas para que las cartas fueran repartidas. Era un desfile de lo más peculiar, pues como adolescentes veíamos de todo: la que salía con la mascarilla puesta, la de la crema para los barros, una que otra despistada que se había dormido durante la hora de estudio y se había levantado a ponerse el uniforme creyendo que ya era el día siguiente. Mientras tanto, en el *lobby*, aquel montón de adolescentes con la hormona alborotada escuchábamos los nombres de quien tenía correo de los niños ese día; yo, a pesar de ser la más chica, recibía cartas casi todos los días, algunas con saludos de mis amigos y otras más reveladoras. Un día de octubre recibí una especial o diferente, en realidad no sé qué calificativo darle, pero me hizo sentir extraña, venía de uno de los más aclamados por las niñas: Rigo Garza, un apuesto reynosense —a los ojos de la mayoría—, estaba en onceavo grado, tenía diecisiete años casi dieciocho y me escribió en tres hojas decoradas con una letra perfectamente alineada; me confesaba que yo le gustaba mucho, que soñaba conmigo todas las noches; me describía físicamente toda con calificativos muy halagadores y me pedía que le mandara decir si podíamos vernos en la cafetería al día siguiente a las 4:30 la hora del *snack*. Recuerdo que todo me temblaba de solo pensar en la cita: ¿qué iba a platicar alguien como yo a un niño tan guapo y tan mayor como Rigo? Además, yo sintiéndome una loca por andar teniendo citas a los doce años con uno de casi dieciocho. Si mis padres se hubieran enterado, no querría ni pensar lo que me hubieran dicho.

Acudí a la cita, me acompañó una amiga de la generación de Rigo, platicamos un rato y me despedí argumentando que esperaba llamada de mis padres. Esa noche le escribí una carta donde le decía que me había dado mucho gusto conocerlo, pero que no me daban permiso de tener amigos tan grandes, argumento nada sostenible, ya que tenía amigos de doceavo. Ese mismo día recibí una carta suya diciendo que si podríamos encontrarnos otra vez; por supuesto, eso no volvió a suceder, y después de unas semanas terminó siendo novio de mi amiga, la que me había acompañado al primer encuentro.

Yo seguía recibiendo correspondencia de mis amigos y pronto de otro pretendiente al que todos llamaban Frenchie, un joven de catorce años, de raza negra, originario de las Islas Vírgenes, muy guapo; no hablaba nada de español y yo apenas empezaba a hablar inglés, dibujaba hermoso y me mandaba letreros con nuestros nombres y otros dibujos. Un día me pidió si podía ser su novia, yo no quería porque me daba miedo, pero no sabía decir que no. Aquí cabe mencionar que cada sábado, si no teníamos horas de detención y después de haber revisado la limpieza profunda de nuestro dormitorio, nos llevaban al *mall* o plaza comercial y podíamos ver a los niños; aquel sábado yo preferí quedarme, inventando que no me sentía bien, pero la verdad era que me moría de nervios de que fuera a intentar darme la mano. El lunes a la hora de la comida, él se sentó en mi mesa (que un chico se cambiara de mesa era señal clara de un interés genuino). Miss Meza no vio esa relación con buenos ojos y habló con mi hermana para decirle que yo tenía que terminar y alejarme de aquel niño o llamaría a mis papás, porque no era correcto que yo me mezclara con una raza de color, eso era inadmisible, así que tuve que terminar con aquel amor completamente inocente y sin contacto físico (lo cual agradecí, porque me aterrorizaba, además no lo hubiera permitido). No logré entender el racismo de mi cristianísima directora.

Después de Frenchie, estuvo uno de Tabasco, a quien terminé el mismo día en que le dije que si él tenía quince y creo que estaba en una apuesta con otro amigo de Díaz Ordaz, que también me declaró su interés y por teléfono me reclamó que hubiera hecho caso a alguien más. Este último me había puesto el apodo de Criaturita, por mi edad, y no se escondía de nadie para decírmelo, a pesar de que estuviera prohibido hablar español: te hacías acreedor a dos horas de detención si llegaban a sorprenderte. Tampoco duró ese noviazgo sin contacto y me costó dos ausencias de los paseos sabatinos por el mismo miedo que tenía con los anteriores. Ciertamente, no le veía sentido y más que disfrutarlo lo sufría, pero como mencioné antes: no sabía decir que no. Mi hermana, por su parte, tenía novio; por supuesto, mis padres no sabían nada de nuestros amores de adolescencia.

A esa edad, mi cuerpo ya estaba muy formado y muchos hacían alusión a él, a mis innegables curvas que se hacían muy notorias con el uniforme corto y ajustado de Educación Física. Después aparecieron otros pretendientes: uno de Panamá, que me invitó al banquete de San Valentín, y otro de Ciudad Victoria; a ambos les dejé muy claro desde un principio que amigos nada más.

Mi grupo era el nivel 3 de inglés especial y mi maestra, miss Gray, era la más joven del internado y no hablaba nada de español; era un grupo muy divertido y unido. Recuerdo cuando nos despedimos para el receso de Thanksgiving de una semana, lloramos como si no nos fuéramos a volver a ver. Después del banquete de San Valentín habíamos tenido un paseo a Kingsville, Texas, para ir a ver jugar a los equipos representativos de basquetbol (que por cierto ofrecieron excelentes partidos) regresamos con cuatro victorias de una reñida y controversial competencia.

La semana posterior al viaje, estando en clase, nos mandaron llamar a mi hermana, a mí y a nuestra maestra miss Gray a la oficina de Mr. Tidwell, el director; al llegar, vimos que estaba también Mr. Hendrick, el subdirector con cara de circunstancia. Nos hicieron saber que habían llamado a mis padres porque Mr. Tidwell, quien se había encargado del viaje a Kingsville, reportaba una situación con mi hermana y su novio, tenía que ver con unos besos que se habían dado en el camión de regreso del viaje. Lloramos y yo les pedí que le hablaran por favor a mis papás para decirles que había sido una confusión, traté de explicarles que para mi mamá iba a ser muy fuerte y que padecía del corazón, algunas veces se desmayaba después de regañarnos; por supuesto, no pude convencerlos, lo único que se logró fue que decidieron hablarían con mis padres en cuanto llegaran por nosotros. Aunque yo no estaba castigada, me dejarían ir con ellos el fin de semana y tratarían de suavizar el impacto al día siguiente. Era jueves, aún no se llegaba la hora de terminar las clases, pero nuestro salón fue despedido a los dormitorios, y mi hermana, nuestra maestra y yo fuimos de nuevo a la oficina de Mr. Hendrick. Mis padres habían llegado, sentía dolor de estómago y me sudaban las manos cuando supe la noticia y sobre todo cuando vi a mis padres vestidos de negro. Hacía frío. Mi madre llevaba puesta una falda, un suéter negro, botas de tacón alto, sus juegos de anillo y aretes de obsidiana, y su collar de ámbar, que le resaltaba en el cuello, y su pelo negro peinado en cascada. Mi padre, con camisa y pantalón negros y lentes oscuros. Cuando nos fuimos de la oficina de Mr. Hendrick al dormitorio con mi madre, la sensación térmica era más fría de lo que marcaba el termómetro. Recuerdo a mi madre sentarse en la cama y empezar a regañarnos, con su cara desencajada; el miedo a que sus hijas no se comportaran de acuerdo con la decencia y la moral era muy grande. Pareciera que el mayor temor de ambos era que sus hijas salieran de cascos ligeros. Aquel día se sintió como si se les cayera el mundo encima y con eso brotaron todas las palabras llenas de enojo de mi madre. Uno de los reclamos iba dirigido a mí: "¿Por qué no cuidaste a tu hermana? Era tu responsabilidad, tenías que decirme lo que estaba pasando". Por dentro, yo me sentía culpable, no únicamente por lo de mi hermana, sino porque yo había tenido novios y si se enteraban de que yo estaba peor, aunque nunca me habían besado, para mí hubiera sido más pecado; para colmo, había descuidado a mi hermana. Se sentía como si alguien hubiera muerto. Mi hermana, cuando mis padres no escuchaban, me dijo: "Si mi mamá supiera de ti, tú eres mosca muerta". Me sentía muy culpable y quería confesarles a mis padres lo de mis novios y pretendientes, pero moría de miedo de su reacción. En aquel momento volví a sentirme como desde pequeña: sucia, inadecuada, y ahora mosca muerta.

El domingo me regresaron al internado y mi hermana siguió con ellos cumpliendo su periodo de sanción. No sé qué tan cierto haya sido, pero, de acuerdo con ella, después de haberme regresado, la actitud de mis padres cambió por completo, la consintieron y paseó con ellos. Todo lo que siguió del año escolar me la pasé sintiéndome culpable e injusta por lo que había sucedido con mi hermana. Volvimos a casa antes de terminar el año escolar, hoy creo que fue por el miedo de mi hermana a los" quemones" del periódico de fin de año, una tradición de sacar a la luz y ventilar los chismes más destacados de todo el año. Sigo sin explicarme cómo los directores permitían tal carnicería humana.

Fueron muchas aventuras y experiencias: la serenata de villancicos que llevábamos al dormitorio de hombres, la piyamada y las reuniones en las casas de los maestros, la cena mexicana a fines de febrero con desfiles de trajes típicos, la subasta de esclavos de los *seniors*; los pastelazos de los maestros, los partidos, el encierro de todas las niñas cuando se perdieron unos aretes en un autorrobo; las veces que fue la policía por un joven que había traspasado la propiedad y que se convertía en una aventura, las reuniones a escondidas en las noches en los cuartos de las amigas, y tantas experiencias más. Aún guardo como tesoro las cartas internas y las que recibía de mis padres y mis hermanas menores, quienes desde su nacimiento fueron un regalo y una bendición en mi vida, y a quienes extrañaba. Las cartas de mi padre me llenaban de piropos y las de mi madre de recomendaciones para no quedar mal y que la gente me quisiera y que les agradara a mis tías.

El verano que regresamos a casa todo había cambiado, empezando por la ciudad y la casa. Finalmente, ya llegamos junto a mis papás a San Luis, nos inscribieron a un colegio que estaba muy cercano a donde vivíamos y más aún de la casa nueva que habían comprado mis padres y que estaban remodelando para mudarnos. La vida cambió junto con mi edad y mi cuerpo.

"Mi existencia en este mundo es parte de un plan perfecto de mi Creador y soy amada porque mi naturaleza viene del amor", BMS.

CAPÍTULO 6

EL PLATO DE SEGUNDA MESA

En mi adolescencia existían otras razones para mi tristeza, además de sentirme inadecuada y fea. Después de vivir casi un año en San Luis, mis padres tenían unos amigos nuevos; el hijo de esos amigos hacía latir mi corazón a mil por hora cada vez que lo veía, con esa emoción de adolescente. Mi hermana ya tenía quince y era hermosa, su cara alargada y su cuerpo espigado y a la vez formado la hacían lucir guapísima; me sentía muy orgullosa de ella y sabía que yo no era ni la más mínima parte de linda y perfecta que ella, y ella también lo sabía. El hijo de los amigos de mi padre tenía quince años, era solo unos cuantos meses menor que mi hermana, y yo tenía trece. Aparentemente, a ella no le gustaba él, pero era muy coqueta y entre mis padres y los padres de él ya habían hecho historia de ellos dos juntos. Yo no podía evitar que me gustara y él algunas veces me hablaba por teléfono y me veía de una forma que no podía más que emocionarme y hacerme buscar el pretexto para verlo otra vez. Íbamos a su rancho y era mi mejor día de la semana. Todos hablaban de mi hermana y él como pareja, menos el ingeniero, su papá, que me decía: "Blanquita casi, casi mi nuera". Mis padres empezaron a darse cuenta de eso y de que me llamaba por teléfono. Una vez fue a visitarme a mi casa, yo no estaba, me esperó a que regresara de mi entrenamiento; cuando lo vi sentado en la mesa del comedor esperando, palpitó más rápido mi corazón, traía su raqueta de ráquetbol en la mano y una sonrisa que hacía que me derritiera. A pesar de no ser físicamente nada agraciado, para mí él era el más guapo, mis hormonas estaban en una olla de vapor a punto de explotar, sentía demasiado por él, se me notaba a kilómetros y eso me asustaba.

Un día mis padres me llamaron, como de costumbre, a su recámara, mi hermana estaba ahí con ellos; por insinuaciones que me había hecho mi madre, ya todos habían notado lo mucho que me gustaba el hijo de sus amigos. Tengo tan presente aquella tarde a mi padre y a mi madre sentados en la cama con mi hermana. Yo llegué y me senté en una orilla pensando: "¿Y ahora qué pasará?". La mirada de mi hermana era más bien de satisfacción cuando mi padre se dirigió a mí diciendo: "Estamos platicando tu madre, tu hermana y yo de la situación con Fulanito". Mi corazón se disparó de nuevo al escuchar su nombre, pero se hacía acompañar también de una sensación de vacío en el estómago cuando mi padre continuó: "¿No te das cuenta de lo que está haciendo contigo? Como tu hermana no iba a hacerle caso, entonces dijo: 'Ahora a ver si Blanquita'. ¡Te está usando de plato de segunda mesa!". Mi hermana me veía y en su cara notaba cierta lástima por mí: qué sentimiento tan lacerante y qué momento tan fuerte, para mí era lo único que faltaba en mi repertorio de pequeñas grandes heridas que ya a los trece llevaba mi alma. Mi madre agregó: "Hasta su tía dice que te le quieres meter entre ceja y ceja". Con esta última aseveración confirmaba que tenía cuerpo, cara y corazón de piruja, y no de cualquiera, sino de una despreciable, gorda y estúpida por permitir que la atracción que sentía por aquel primer amor se me saliera por los ojos. No supe qué contestar. ¿De qué me defendía? ¿De la afirmación que yo misma tenía de no valer la pena? Solamente les pedí perdón y les dije que tenían razón. Y en realidad yo hablaba en serio: aunque las actitudes y detalles que él había tenido conmigo me hablaban de otras posibilidades, yo sabía que era imposible que pudiera gustarle a alguien y menos si me ponías al lado de mi hermana.

Volví a caerme una vez más, a refugiarme en organizar cosas para el colegio y explicar química a mis compañeras. Esos llamados a la habitación de mis padres por lo general eran para hablar de mi complejo de inferioridad frente a mi hermana. Cómo quisiera poder haberles dicho —y que me creyeran— que yo nunca hablé con nadie de ninguna supuesta preferencia de ellos por mi hermana; quienes se acercaban a ellos a cuestionarlos por la diferencia de trato y relación con nosotras no tenían nada que ver conmigo y que, contrario a eso, lo que yo hacía cuando alguien me comentaba al respecto era decirle que no había tal cosa. Intentaba a toda costa que no se manchara la imagen de mis padres, pero fueron varios los que hablaron con ellos, por eso yo pasaba un buen tiempo escuchando sus reclamos: "La ropa sucia se lava en casa…"; "Todo se te regresa…"; "Lo mismo te darán tus hijos…"; "Lo que tienes es envidia de tu hermana, eres una acomplejada, tienes un gran complejo de inferioridad…". Yo lo que sentía era orgullo de mis hermanas, por todas, cada una hermosa a su edad y a su estilo. Entre la lista de los que trataron alguna vez el tema con ellos, estaba incluso mi hermana mayor, que ya me había pedido perdón por todo lo que había hecho cuando yo era pequeña, en una ocasión que me invitó a comer a su casa.

Por esto mismo, sentía un dolor fuerte en mi corazón, aunado a una culpa de todo, hasta de sentir la misma culpa; y me culpaba por sentir dolor, sentía que estaba juzgando a mis padres al permitir que me doliera, y no quería ser mala hija, pero dolía mucho y admito que hoy, mientras deslizo esta pluma y me entrego a vaciarme en esta página en blanco, siento un profundo dolor que no sé dónde ponerlo más que en este papel, me siento ridícula de sentir lo que estoy sintiendo después de tantos años, pero dejaré de juzgarme por lo que siento o al menos intentaré hacerlo.

Siguieron dos años de ser la celadora de mi hermana y la oreja de mi madre para enterarse de todo lo que pudiera llegar a hacer ella. Me sentía cansada de que me preguntaran, así que no quería salir, no disfrutaba las tardeadas, iba nerviosa, pensando en que no me sacarían a bailar y si alguien lo hacía mi hermana diría en voz alta frente a quien estuviera: "¿Quién sabe por qué, pero a

Blanquita la sacan a bailar puros grandes y raros?". Y se reía con una sonrisa un tanto de burla. También hacía alusión a mi manera de bailar, diciendo que bailaba como las gorditas del lugar al que íbamos a clase de aeróbics. Así fueron esos años.

Mientras todo eso sucedía, mi madre me llevaba de dieta en dieta y de doctor en doctor para hacerme bajar de peso. Desde que había regresado del internado a punto de cumplir trece y a partir de un comentario en voz del sacerdote amigo de la familia, que hizo alusión a que mi cuerpo se veía más relleno, empecé mi primera dieta; unos días no comía casi nada y otros me llenaba de comida sin discriminar ni un gramo de azúcar, así que aumentaba y volvía a bajar. Cuando me mandaban a la tienda me compraba chocolates, pastelitos y los comía sin saborear para terminarlos antes de regresar.

Se acercaban mis quince años. Mi padre, al igual que sucedió con mi boda, dijo que no había dinero para fiestas. Yo esperaba que estuviera entusiasmado como había sucedido dos años antes con los de mi hermana, pero no fue así. Pese a ello, sí habría fiesta y, como boda de pueblo, estuvo llena de madrinas para todo; mis tías cooperaron, una la música, otra el mariachi, otra el vestido, otra el pastel, hasta la dueña de la tiendita de la esquina que se había vuelto nuestra amiga cooperó, pues me conocía muy bien. Ahí pasaba las tardes con ella y sus hermanos escapando de mi casa y comiendo Choco Roles a escondidas. Antes de mi fiesta, para no verme tan gorda, pasé unos días casi sin comer. Veo las fotos y sé que no estaba como yo me veía. Ese día unos niños me mandaron decir con una de mis compañeras que tenía muy bonito cuerpo, afirmación o halago no aceptado, desde luego, el cual tiré en el bote de las mentiras que tenían que ver con cosas lindas que me decían las personas que me estimaban y que intentaban levantarme el ánimo. Tampoco probé nada de la cena de mi fiesta. Al día siguiente enfermé con temperatura y dolor de estómago.

En ese entonces yo ya tenía novio, un niño cuatro años y medio mayor, su papá era médico y envió a un doctor a revisarme a mi casa. A él lo había conocido porque era amigo de mi hermana y un día que había ido a buscarla a la casa ella no estaba, entonces preguntó mi nombre y se invitó a cenar. No me sentía muy apta para tratar con hombres y menos tan "atrevidos". No me gustó por lanzado y porque llevaba puesta una chamarra de mezclilla; mis prejuicios no me permitían poner esa prenda dentro del conjunto de mis atuendos esperados para un posible prospecto. Salimos una vez con mi hermana dos años mayor y su novio. Unos días después luego de haber ido a un concierto de Timbiriche en el teatro de la ciudad, él regresó a San Antonio, Texas, donde estaba estudiando para después volver en vacaciones de Semana Santa. Siendo sincera, no me gustaba mucho al principio o tal vez dentro de mí no quería ilusionarme porque no veía posible que alguien pudiera fijarse en mí al no ser bonita, tener mi cuerpo relleno y por mi forma de ser. En el fondo esperaba que llegara abril para volver a verlo, si es que eso sucedía y no se decepcionaba antes de mí al pensarlo dos veces.

Se llegó la Semana Mayor del año y fue a verme a mi casa. Mis primas estaban de visita y se hizo un grupo muy divertido con él y sus amigos. Ellos y yo, junto con mi hermana dos años mayor, pasábamos los días en el deportivo y después jugábamos juegos de mesa. Fuimos a la visita de los siete altares en el centro y a la procesión del silencio. Finalmente, el Sábado de Gloria, antes de irnos a una fiesta en la discoteca de moda en ese entonces, me preguntó si quería ser su novia, que si no me importaba la distancia; me sentía nerviosa, pero le respondí que sí. Por fin, podía tener novio, a pesar de ser yo. Ese Sábado de Gloria de 1989 en la noche me dio el primer beso. Se sintió bien aun con el miedo que me daba su cercanía física. Fue un beso muy pequeño en los labios, pero oficialmente tenía novio y eso era difícil de creer para mí. Se fue después de una semana muy diferente y especial.

Él regresó en mayo, luego de terminar sus clases, para estar listo para mis quince años. Cada vez que llegaba me dejaba una rosa roja pegada en una pequeña reja que estaba al frente de mi casa, para anunciar que ya estaba en San Luis. En ese tiempo él era mi refugio, iba todos los días a verme y yo muchas veces lo rechazaba cuando intentaba algún contacto físico como agarrar mi mano o darme un abrazo. Me llegaban entre dos y tres cartas suyas por semana cuando no estaba y procuraba alargar lo más posible el verano para pasar los días junto a mí. La verdad, no sé por qué me quería tanto, yo le escribía muy poco y no era nada cariñosa y sí muy exigente. Se llevaba muy bien con mi familia, aunque para mi padre era un ratón de biblioteca por querer hacer maestría; pensaba y aseguraba, como si tuviera una bola de cristal real en la mano, que no iba a llegar a ser nada. Varias veces lo trató de forma humillante, pero él parecía una barra de mantequilla templada frente a eso. Recuerdo pedirle a Dios quererlo como él me quería, pero no se daba, estaba con él porque la pasábamos bien y me tenía paciencia, pero no me sentía bien de tratarlo mal en repetidas ocasiones. Hice una relación de mucho cariño y muy cercana con su padre, que era médico, y con su esposa, tanto que, por un tiempo, transferí mi necesidad de padre y de madre en ellos, cuando me invitaban a comer o cenar lo disfrutaba mucho y algunas veces iba de visita sin estar Edy en San Luis.

Después de mis quince años subí nuevamente de peso y en enero de 1990 mi madre casi hace fiesta porque habían abierto en San Luis una clínica en la que ella había bajado mucho de peso cuando vivíamos en Guadalajara, se *llamaba Clínica Médica Internacional para Reducción de Peso*. Fui con mis padres, los tres empezaríamos el tratamiento; para ellos consistía en una dieta de quinientas calorías y para mí, por tener quince años, de ochocientas y una inyección diaria en el brazo con una técnica en la que entraba el líquido a presión y que presumiblemente contenía aminoácidos que ayudarían a remover la grasa. Nos hicieron pasar por una revisión médica con una doctora que no parecía haber terminado ni preparatoria, me pesó: sesenta y cinco kilos; me midió: 1.60 metros, me tomó la presión: 100/60; me dijo que mi peso máximo por ser de complexión gruesa era de cincuenta y seis kilos, por lo que esperaban que llegara a estar por debajo de esa cifra. Me explicó que debía pesar muy bien las cantidades y anotarlas en una hoja diaria con un formato que ellos proporcionaban, ahí había que sumar las calorías y cada día, de lunes a sábado, tenía que acudir a pesarme y a ponerme la vacuna (como erróneamente le llamaban). Me dio una lista de los productos que no debía usar: crema, ni de manos ni cuerpo, acondicionador, desodorante (únicamente marca Obao), porque la grasa que entraba por la piel también me podía engordar y más si estaba en un tratamiento con aminoácidos. También me dejó muy claro que tenía prohibido el ejercicio durante todo el tratamiento, pues estando gorda la grasa supuestamente se endurecería con el ejercicio y jamás podría adelgazar. Tomé las instrucciones y las seguí a pie juntillas. No salía para no exponerme a tener que romper mi dieta, cuando mi familia iba de viaje de fin de semana me quedaba en casa. Todos los días me pesaba, y algunas veces era frustrante. Empecé a no querer estar en la cocina por el miedo a absorber la grasa con la que estaban cocinando. Comía hielo para distraer el hambre. Si le sobraba un gajo a la naranja que hiciera que se pasara del peso marcado, yo lo retiraba. Mi madre alababa todo lo que yo hacía para evitar engordar, como no desmenuzar el pollo —a petición de mi nana—, para que la grasa del pollo no entrara por mis dedos. Mis papás aplaudían mi fuerza de voluntad, pero mi ánimo y mi energía en el colegio y en los demás ámbitos de mi vida se fueron apagando junto con esa dieta. Decidí entonces que ya no lucharía en la escuela por organizar cosas o por las injusticias, dejaría de ser la jefa de grupo, protectora y de carácter fuerte en quien confiaban sus compañeras y sus maestros, y simplemente me limitaría a estar y a dejar que pasaran las horas para que se llegara la noche y ya no tuviera hambre ni la necesidad de pensar en la comida. No quería discutir ni decir lo que pensaba nunca más. Me cansé. Me rendí. Dejé de decir lo que sentía o pensaba.

Un día, estando en mi clase de Matemáticas, mi profesor, a quien también transferí desde primero de secundaria la figura de un padre protector, me vio recargada en la pared, sentada en mi mesabanco sin ganas y me dijo: "Blanca, ¿te sientes mal? No te ves bien, estás muy pálida". Me llevó a la dirección. Mi presión estaba muy baja y me dieron unas gotas. Muchos comentaban de mi pérdida de peso, a algunos de mis maestros les preocupaba y otros alababan mi progreso comparándome ahora con la belleza de mi madre y de mi hermana, cuando antes de esa dieta los comentarios y las críticas iban dirigidas a preguntarme cosas como: "¿Por qué no te pareces a tu mamá y a tu hermana?", como si yo tuviera la respuesta.

Terminé las semanas de dieta y seguía el mantenimiento, que me llevaría a sentir que me había comido una vaca entera cuando en un rancho comí un poco de mole y arroz; me llené de pánico y me las ingenié para sacarla de mí con una lata y media de té que me habían recomendado en la "clínica" de adelgazamiento, para laxarme en caso necesario; solo que me sugirieron una cucharada y yo aumenté la porción y el miedo me hizo agregar al brebaje unas hojas de zen hervidas. Todo esto me llevaría a la mañana siguiente al hospital con diagnóstico de apendicitis, que no existía, pero que sí terminó en apendicectomía. No pensé que lo que me había provocado el malestar había sido el té, eso no pasó por mi mente, todo eso que llegué a hacer lo minimicé y no lo creí importante ni riesgoso. Después de ahí siguieron más dietas, más laxantes, diuréticos, anfetaminas, pastillas para adelgazar sin etiqueta, días de absoluto ayuno y atracones desesperados para continuar siendo el plato de segunda mesa, nunca contenta con mi cuerpo en ninguna talla ni con nada que tuviera que ver conmigo. No soportaba el espejo y usaba tallas muy grandes, porque así me veía. Si hubiera sido posible hubiera llevado puesta siempre un burka para evitar ser vista. Me perdí tantas cosas por sentir mi físico inadecuado… Deseaba volverme invisible.

"Sin cincel no hay escultor, sin cinceladas no hay creación. Algunas veces somos la obra y otras veces el escultor", BMS.

CAPÍTULO 7

CINCELADAS MALTRECHAS

Lo que debiera tratarse como a una suave y delicada arcilla para ayudar a darle forma a lo que sea que esté llamado a ser, por circunstancias muchas veces ajenas a las manos del artista, es visto como una piedra y se le trata a cinceladas maltrechas que pulverizan en pequeños pedazos el alma.

No era que se rompiera mi corazón por alguna pérdida importante, ni por un divorcio de mis padres, tampoco por una violencia que fuera visible externamente. Eran las palabras, los gritos, las comparaciones los que magullaban mi estima siempre demasiado receptiva de todo, en especial de lo negativo.

Aquel día después del primer abuso de laxantes que encabezaría la lista de muchos durante toda mi adolescencia y parte de mi juventud, y tras haberme hecho la cirugía por diagnóstico clínico de apendicitis, fui dada de alta, me llevaron a mi casa mi hermana mayor y su entonces esposo, quien fue una persona muy importante en mi vida que me salvó con su cariño muchas veces. Al llegar todos se encontraban reunidos alrededor de la larga mesa blanca del desayunador y recuerdo que mi hermana mayor me dijo: "¿Verdad que no te importa que mi mamá se vaya con mi papá a Aguascalientes?". Espontáneamente, se me salió decir que no quería que se fuera. En ese momento yo quería estar con ella, era la persona más importante para mí. Mi madre no hizo ningún comentario, pero los demás me tacharon de egoísta e incomprensiva; eso me hizo sentir culpable, pero no lo suficiente como para decirle que sí se fuera. Se quedó, aunque no como yo esperaba.

Mi recuperación fue muy lenta, mi estómago se inflamaba mucho y todo el día estaba sin energía y llena de miedo, no quería comer, temía engordar más. Además, el suero seguramente ya me había hecho subir algunos kilos. Recuerdo que solamente quería estar donde estuviera mi madre y me acercaba a besarle el hombro y a agarrar su brazo. Ella se cansó de que yo tuviera esa actitud y me dijo que ya dejara de estar haciendo eso. Creo que la agoté al no querer separarme y, aunque la necesitaba mucho, me alejé.

Después de dos semanas regresé al colegio, ya faltaba poco para terminar el año escolar y con eso concluir la secundaria. Casi no hablaba, mi pensamiento estaba en la comida, en abstenerme de ella y al mismo tiempo en el hambre que sentía, lo único en lo que pensaba era en todo lo que iba a engordar y lo que deseaba más que cualquier cosa era enfermarme, pero de algo grave que me hiciera bajar muchos kilos y que pudiera ser más evidente para mis papás mi pérdida de peso. Me volví invisible y pronto me volvería también inaudible como respuesta somática de lo que sentía por dentro. Fui internada de nuevo para hacerme estudios y determinar la razón por la que mi intestino se negaba a funcionar de acuerdo con su edad cronológica de quince y se movía al paso de uno de ochenta años. En el hospital tuve un fuerte ataque de ansiedad y me arranqué el suero, no quería engordar y tampoco deseaba sentirme culpable por estar ahí. Yo sabía que no me cuidaba ni seguía las recomendaciones del doctor porque lo que más anhelaba era enfermarme hasta morir famélica. Cuando desperté del estudio, sentí una mano que acariciaba suavemente mi entrecejo, era mi novio. Alguna vez había escuchado a mi madre platicar que esa era la única forma de tranquilizarme cuando había estado muy grave al mes de nacida. Su mirada era de una ternura pura, por alguna extraña razón él me quería, a pesar de mi carácter agrio. La enfermera me dijo: "Se ve que tu novio te quiere mucho, ha estado así por un largo rato desde que el doctor le permitió entrar". Si bien yo nunca pude verdaderamente permitirme estar enamorada de él, se había convertido en una persona muy importante para mí porque me acompañaba y me aceptaba con todo lo que yo era; me gustaba estar con él, lo prefería por mucho a tener que sumergirme en el ambiente desaprobatorio de mi casa. Sí, el rechazo que yo tenía por mi cuerpo y por el contacto físico me llevaba a tener unos desplantes muy crueles con él, pero ahí estuvo, a mi lado casi cinco años y me apoyó, siempre lo hizo. A sus ojos yo era bonita y merecedora de ser amada; sin embargo, yo no aceptaba que alguien pudiera quererme, de esto aprendí la importancia de ser vistos por nuestros padres, pues sus ojos son nuestro primer espejo. Cito lo que a propósito escribí en una frase: "Cuando un niño experimenta la indiferencia de quienes más cariño necesita, no se sentirá digno de ser amado y podrá haber muchas personas en su vida que lo amen, pero no podrá recibirlo, pues no creerá merecerlo".

En ocasiones le decía a mi novio: "¿Por qué estás conmigo, no te das cuenta de que no vale la pena? Aléjate, no hay razón para que quieras seguir aquí". Una vez, el día en que él regresaba a San Antonio en el tren de la una de la mañana para exprimir hasta el último minuto a mi lado, intentó darme la mano y se la quité, sentía aberración por los hombres y como lo había visto en camisa sin mangas en la mañana, eso me había hecho rechazarlo más, por lo que no solamente no acepté que tomara mi mano, sino que le dije de la forma más despectiva y fría posible que se fuera y que me dejara, que me daba asco. Esa noche la pasé muy mal pensando en que ya no lo iba a ver y sintiéndome llena de culpa por todo lo que le había hecho y dicho sin razón, simplemente por aquel inexplicable sentimiento hacia lo hombres. Hablé con sus amigos de lo que había pasado y lo mal que me sentía, estaba realmente arrepentida. Él no lo merecía. Ellos estaban con él y a la una de la mañana escuché afuera de mi ventana la canción de Ricardo Montaner "Tan enamorado de ti". Era él, no se había ido, se había enterado de mis remordimientos y se quedó, dejó ir su tren por arreglar las cosas conmigo. Sentí tranquilidad de no perder a la persona con la que mejor me sentía en ese tiempo y le pedí perdón. Al siguiente día por la noche se fue y ya los dos de nuevo en paz.

Los estudios que me hicieron durante la estancia en el hospital no arrojaron ninguna condición física ni fisiológica que diera explicación a la lentitud de mi aparato digestivo. El gastroenterólogo le dijo a mi madre que se trataba de una cuestión psicosomática, que probablemente era muy aprensiva; mi madre asintió, responsabilizando mi exceso de preocupación a mi perfeccionismo en la escuela. Yo sabía que las calificaciones o los estudios no eran un problema para mí en absoluto, como lo dije antes: no me costaba trabajo el estudio. El médico indicó entonces que fuera vista por una psicóloga experta en casos de adolescentes como el mío. Antes de ser dada de alta, la psicóloga fue a presentarse al cuarto y nos dio una tarjeta para agendar cita. Asistí a algunas consultas y mi madre también lo hizo, pero terminaron diciendo que era sacadera de dinero y que yo no lo necesitaba. Ante la aseveración de mi mamá de mi extrema preocupación por los asuntos escolares, el médico recomendó que ya diera por terminado el ciclo y me extendió un justificante para entregarlo en la escuela.

Recibí todo el apoyo de mis maestros, tenía muy buena relación con ellos y mi historial académico de excelencia irrefutable permitía que me fueran dadas ciertas concesiones, que para mi sorpresa despertaron la inconformidad y el enojo en mis dos mejores amigas, pues me enteré por uno de mis profesores que acudieron a quejarse y a decir que mi condición no era tan crítica y no me inhabilitaba físicamente para las labores escolares. Lo sentí como un golpe bajo y una traición que me costó asimilar y que agregó una piedra más al costal de la culpa que ya a esa edad se había vuelto como parte de mi piel. Fue difícil enterarme de eso y no decir nada, porque una de mis dos amigas vivía conmigo en mi casa, compartía mi recámara, mi baño, mi familia. Al inicio del ciclo escolar yo le había ofrecido que fuera a vivir a mi casa porque su familia estaba en una colonia minera de Zacatecas, por el trabajo de ingeniero metalúrgico de su padre; ella comentó una vez que solamente le daban de comer sopa de papa y muy poca carne en la casa de asistencia en la que vivía; yo la veía tan flaquita que le dije: "Vente a vivir a mi casa". La casa de mis papás colindaba pared con pared con el colegio. Al poco tiempo de haber hecho ese ofrecimiento, recibí una llamada suya, un viernes, para decirme que estaban sus papás en San Luis, que si podían ir a hablar con los míos para mudarse a mi casa. Al escuchar eso se me salieron los ojos del susto, yo no había hablado de eso con ellos, aunque sí les había comentado de mi amiga flaquita y la casa de la sopa de papa. Mi papá, que ya sabía que yo siempre ofrecía todo, me dijo: "Era tu amiga la de la casa de asistencia, ¿verdad? Ya le ofreciste que se viniera a tu casa". No me quedó más remedio que afirmar con la cabeza semejante atrevimiento. Mis padres no son unas personas muy ordinarias y la mayor parte del tiempo había alguien extraño a la familia viviendo con nosotros, así que me dijeron que estaba bien y desde ahí mi amiga se quedó a vivir en mi casa por tres años. Y eso no es todo, al año siguiente llegó también su hermana menor, y la madre superiora de las Monjas Eucarísticas Mercedarias del colegio habló con mis papás para preguntarles si podrían recibir a tres niñas más de San Felipe, Guanajuato, y otra de Cd. Mante. Ellos aceptaron. La casa de mis padres era suficientemente grande y en la parte de atrás, al otro lado del jardín, había un salón de juegos con ventanales en forma de arcos estilo colonial, tenía un bar, dos mesas labradas de madera, con treinta sillas, y una cocina con azulejos de talavera; en la parte de arriba, un balcón y dos recámaras de huéspedes con su baño cada una. Las nuevas inquilinas y mi amiga vivieron ahí dos años más. En total, habitábamos cuatro hermanas, mi nana, las dos jovencitas que ayudaban en la casa, una perrita chihuahua y una sharpei, mi madre y, como único hombre de la casa, mi padre. Fue una época de muchas aventuras, serenatas, cultos para atraer novios y más cosas de adolescentes. Yo tenía la responsabilidad de llevarlas a donde necesitaran ir y de dar permisos cuando mis padres no estaban, me hubiera gustado ser menos responsable porque más que como a una amiga me veían como a un gendarme, y lo era.

Ese verano después de terminar secundaria me fui de vacaciones con mi tía la hermana de mi madre y ahí conocí a mis nuevos aliados: los diuréticos. Tenía dieciséis años. Recuerdo haber llegado a casa de mi tía y decir que mis pies estaban hinchados del viaje; ella los vio y me dio una pastilla de la que me aprendí el nombre y que hizo que sacara de mi cuerpo todo el líquido. Para esa temporada y después de mis tratamientos médicos, yo ya sabía de laxantes mucho más potentes que los tés y que además no sabían tan mal, así que parte de mi dinero la usaba en comprar mi dotación para cuando se me ocurriera comer. Comencé con las dosis que me habían recetado los médicos, pero fue incrementando hasta tomarme dos frascos de jarabe, más de quince pastillas laxantes y, en el día, los diuréticos (conocí dos nombres comerciales), todo esto me hacía vivir sin energía o con la presión muy baja y perdida en mis pensamientos, que siempre tenían que ver con tres cosas: comida, hambre y auto rechazo absoluto a todo lo que tuviera que ver con mi persona, no solamente en lo físico. Hoy comprendo que la mayor parte de mis años he sido un juez duro y cruel.

Volví a San Luis con más peso el que me había llevado. A pesar de mis prácticas, mis atracones a escondidas habían sido demasiados. Peregriné por médicos, nutriólogos, endocrinólogos, pseudomédicos, entre medicamentos controlados para adelgazar, gotas y cápsulas sin etiqueta. Mi peso subía y bajaba entre los cincuenta y nueve y los sesenta y cinco kilos, y yo me sentía igual de gorda que cuando ya en edad madura, algunos años después de tener a mis hijos, llegué a pesar más de cien. Tenía solamente dieciséis años y el dolor de ser yo, de tener una cara llena, unas piernas parejas, caderas que me parecían desproporcionadamente grandes, me consumía los días, evitando a toda costa el espejo: quería eludir mi detestable imagen. Todos estos recursos, pócimas y dietas estaban carcomiendo mi alma. Cómo deseaba la aceptación de mi madre y la protección de mi padre, que me veía más bien como a un rival, una enemiga, porque representaba una forma de pensar opuesta a lo que él creía: no toleraba que creyera en los estudios, que no me gustara que me ofendiera ni tampoco las cosas que le decía a mi madre, sus palabras salían con tanta ira que se volvían difíciles de olvidar. Mi madre lo defendía y lo disculpaba todo el tiempo, haciéndome ver que era un hombre sabio y que siempre tenía la razón y que cuando ofendía en realidad no quería hacerlo, pero que así era él, hablaba sin pensar, aunque a veces la insultara a ella o a nosotras de manera desproporcionada sin otra razón que desquitar su coraje no sé si con la vida, con él mismo o las circunstancias. A mí me costaba trabajo entender y quedarme callada, razón por la cual discutíamos casi todos los días. Mi madre, en aras de evitar los conflictos con él o evadir los problemas y mantener una aparente armonía, sacrificaría cualquier cosa, incluso la salud y la dignidad.

Yo en mi mente creí tener la certeza de que no aceptaban mi persona por ser una hija menos agraciada físicamente que las demás; en mi perspectiva, les pesaba demasiado el qué dirán. Hoy creo que mi madre tenía también miedo de que no me fueran a aprobar los demás, para ella su belleza le había abierto las puertas a un mejor modo de vida y algunas personas hacían comentarios acerca de la diferencia física entre mis hermanas y yo. Lo malo era cuando mi madre, probablemente sin darse cuenta o sin prestar atención a mi presencia, lo repetía o lo platicaba estando yo. Aunque me sentía orgullosa de mis hermanas y de mi mamá por ser tan bonitas, al mismo tiempo me sentía desafortunada por haber nacido siendo yo. Los comentarios de mis tías o de quien fuera tenían un efecto relámpago en mi madre, que encontraba lo más nuevo para adelgazar, lo cual me llevaba —no dudo que pensando en mi bien desde su perspectiva— a hundirme cada vez más.

A dos meses de haber entrado a preparatoria me volví inaudible. Sí, me quedé sin voz. Aquella estudiante que en secundaria había representado tantas veces al colegio en los concursos de oratoria y de canto, se había cansado de hablar, e inconscientemente había somatizado de nuevo sus emociones. Una mañana desperté afónica. Mi cuerpo respondió a mi negativa a seguir participando en los concursos de canto y oratoria. Mi hermana era buena en eso, así que sin que ella supiera ni lo pidiera, yo le cedí mi voz, dentro de mí decidí que no era buena yo para eso y, antes de que me lo dijeran o que volvieran a compararme con mi hermana, renuncié. Pasaron semanas y mi voz parecía la de una niña de cinco años. Para mi padre, yo estaba fingiendo, y mi madre opinaba igual, pues, como la mayoría de las veces, terminaba por creer más en el juicio de él. En realidad, mi voz no salía bien. Para desenmascararme, mi madre me llevó al otorrino, quien no encontró razón aparente más que una irritación de garganta y laringitis; me recetó una inyección y dos días sin hablar para nada y me envió con una fonóloga, para que me enseñara a hablar de nuevo. Años después sabría que el ácido del estómago me dañaba la garganta, debido a mis hábitos, que tenían que ver con mi trastorno de la conducta alimentaria.

Esa vez cargué de nuevo mi costal con más culpa. ¿Cómo me quitaba la tristeza en la que me sentía sumergida? Mi voz nunca volvió a surgir con la misma potencia, aquella de la que se quejaba la prefecta de secundaria porque se escuchaba por todo el pasillo y que me había hecho ganar un concurso con un discurso sobre mi amor a México, que llevó a los jueces y al público a emocionarse hasta las lágrimas y a levantarse de sus sillas aplaudiendo. Me sentía muy sola, vivía una soledad acompañada y cada día había alguna recriminación hacia mí de mi parte o de alguien más, por mi talla, por mi perfeccionismo, por no querer ir a la tienda.

Hoy, mientras escribo, caigo en cuenta de todo el tiempo que dejé pasar por haberme convertido en mi propia enemiga, y no me recrimino por eso, más bien despierto para evitar hacerlo de nuevo.

El rechazo físico hacia mi padre continuaba y él parecía divertirse ridiculizando ese sentimiento enfrente de quien fuera de visita a la casa; no sé si lo hacía para evitar que le doliera mi repudio o simplemente por bromista, pero eso me molestaba. Un día, en una comida de domingo, él había tomado y empezó a burlarse de mi disgusto por los besos, acercó demasiado a mi cara su rostro con aliento a alcohol, mostrándoles a quienes estaban que yo lo rechazaría. Esos dos olores mezclados: tequila y su aliento eran algo con lo que yo no podía, le quité la cara con la mano y sus lentes cayeron al piso. Mi hermana mayor se levantó y me sacudió diciendo que él era más padre suyo que mío y que me odiaba, mi cuñado intervino y se fue conmigo a la parte de enfrente de la casa. Me sentí muy mal por lo que había hecho, pero el reflejo me había llevado a quitar su cara de la mía, y no pude con su risa burlona y su aroma.

Mi papá entró también por la cocina y le pedí que me perdonara, le aseguré que no volvería a suceder; me dijo que no le gustaba que nos peleáramos entre hermanas y, con el rostro desencajado, se subió a su recámara, su cara se veía muy triste. A los pocos minutos se escuchó un balazo que venía desde su balcón, luego, gritos en la parte de atrás; mi nana buscaba el alcohol y mi cuñado corría a la habitación principal. Mi madre, al oír la detonación, se había desmayado pensando que mi papá había hecho lo que había anunciado minutos antes que haría con la pistola que siempre guardaba en el cajón de su buró. Agradezco a Dios que haya decidido tirarlo al aire, no sé qué hubiera hecho con ese cargo en mi conciencia a los dieciséis. No cabe duda de que llevamos heridas y lastimamos a otros y generalmente es a los que más amamos.

¿Por qué me dolían los días? Quería irme.

El siguiente año escolar regresé al internado a onceavo grado, pensaba que allá lejos me sentiría mejor, pero no podía huir de mis propios pensamientos y desaprobaciones, mi peor enemigo lo llevaba conmigo a todas partes y era yo misma; me había tatuado todo aquello que había escuchado; elegí creer todo lo malo y lo negativo; los insultos y las descalificaciones ya no necesitaba que me los dijera alguien más, brotaban de mí la mayor parte del día. Lo bueno no entraba, no había espacio para permitirle pasar. Mi miedo a engordar era tan grande que ese aspecto de mi personalidad eclipsaba cualquier otro en el que me pudiera llegar a calificar mejor. No quería comer lo que me servían en la cafetería de la escuela, me daba miedo la grasa de la comida, mi mente era una calculadora de calorías. Mis compañeros se ponían felices de que yo les regalara toda mi comida. Mi tía me llevaba manzanas y mi comida consistía en una o, a veces con culpa, dos al día, tres litros de agua y de té, Lipton sin azúcar. No tenía a la mano laxantes ni diuréticos, lo que me ponía ansiosa, porque era muy difícil para mí vomitar (eso llegaría después, con un truco que me recomendaría una pseudo nutrióloga).

Hice nuevas amigas, que me invitaban a su casa el fin de semana de salida cada tres semanas, pero yo no quería convivir, no me quería exponer a la comida y tampoco quería ser vista. No podía concentrarme en las clases ni hacer actividades que disfrutaba la primera vez que estuve ahí. Por todo ello, finalmente, en noviembre me regresé a San Luis. Me aceptaron en el colegio y me hicieron exámenes para pasar las materias de ese semestre. Mi abuela paterna, a quien yo quería mucho, una señora alta y con un espíritu fuerte y muy valiente para su época, madre soltera, que había quedado embarazada de un señor casado a los cuarenta años, en los años treinta, en Parral, una conservadora ciudad minera en el estado de Chihuahua; analfabeta, porque no se usaba en la época de la Revolución que las mujeres estudiaran; conocedora de todo lo que tuviera que ver con revolucionarios, generales, ranchos ganaderos; incomparable contadora de historias y cuentos; de quien jamás escuché un regaño ni a mí ni a ninguna de mis hermanas, a pesar de ser una mujer de carácter recio e inquebrantable; pero como abuela era consentidora, juguetona y divertida. Se tomaba sus cubas los fines de semana y cantaba sus canciones; que una vez cuidó de nuestros pollitos que habíamos ganado en la kermés del colegio hasta que se convirtieron en gallos, Cuando regresé del internado y después de haber tenido una caída con fractura de cadera, aquella mujer tan importante en mi vida, a sus noventa y tres años, tuvo una embolia pulmonar que terminaría por llevarse su vida el 6 de diciembre. Me dolió su partida, duré varios meses soñando con ella, extrañando sus historias y viéndola en su silla afuera de su recámara, con su Coca Cola de dos litros y su coñac Martell.

Terminé preparatoria y me fui con mi hermana dos años mayor a estudiar a unos programas nuevos de la Autónoma de Guadalajara, UNICO se llamaban y tenían carreras profesionales de dos años que no eran licenciaturas, pero a mis padres les había parecido ideales por dos razones: primera, eran cortas y quedábamos sin pendientes escolares para casarnos, y segunda, porque mantendrían a mi hermana alejada de un exnovio al que ellos no querían. Yo entré a Puericultura, era la primera generación, únicamente éramos tres alumnas y mis clases eran por la tarde. Al mismo tiempo mi papá compró un negocio de detallado de autos para que lo manejara mi hermano, estaba en Avenida de la Paz, se llamaba Clean Team, era muy grande y tenían mucho trabajo; sin embargo, eso no se veía reflejado en los números por la desordenada administración que llevaban. Yo entré a trabajar ahí por las mañanas y mi madre se fue un tiempo para organizar las cuentas. En octubre, un pretendiente de mi hermana, al que había conocido en Brownsville algunos meses antes, empezó a tener contacto con ella y a viajar a Guadalajara para visitarla; por supuesto, cuando él iba, mis papás también. Era un señor varios años mayor, divorciado con dos hijas y que estaba económicamente muy bien y buscaba algo serio con ella. En diciembre él pasó la Navidad con nuestra familia en San Luis y le regaló a mi hermana un hermoso anillo, aún no era el de compromiso oficialmente, pero a partir de ahí se habló de matrimonio. En enero yo me regresaría sola a

Guadalajara porque mi hermana y mi madre empezarían a planear la boda que se celebraría en el mes de mayo en Brownsville. Cuando volví a Guadalajara después de las vacaciones de invierno, me sentía muy sola en el departamento, principalmente los fines de semana; entonces me compraba mucha comida y la devoraba indiscriminadamente, estacionada en alguna calle vacía; a eso le seguían los laxantes o las semanas de ayuno o de comer únicamente un yogurt sin azúcar al día o una malteada de polvo para adelgazar. Mi hermano vivía también en Guadalajara, pero ya prácticamente no iba nunca al departamento desde que mi hermana no estaba, nuestra relación no era muy cercana. Un día fue, ya tarde en la noche, y agarró las llaves de la camioneta que yo traía, cerró el departamento por fuera y me dejó encerrada sin avisarme ni pedirme la camioneta, regresó hasta el día siguiente a mediodía. Yo le conté a mi papá, pero me contestó: "Ay, mi hijita, es tu hermano, no entiendo el porqué de tu enojo tan fuerte, no es para tanto". Después de esa vez me timbraban a altas horas de la madrugada para hacer ruidos extraños como de quejidos; con seguridad, lo que querían era que me fuera, y así fue. Hablé con mis papás y me regresé a San Luis. En el mes de mayo mi hermana se casó.

Estudiar Medicina no era opción, mi padre no lo aprobaba, él decía que pronto me casaría y dejaría de estudiar. Busqué entonces en el Tec de Monterrey pensando en que, si me casaba con mi novio de entonces y decidíamos vivir en San Antonio, podría revalidar algunas materias; supuse que al plantearlo así sería más probable que mi papá al menos se abriera a la posibilidad, y así sucedió: cuando le dije que lo había pensado de ese modo para poder después casarme y continuar, aceptó. Esa ambigüedad de nuestra relación era extraña, en algunas cosas sentía que mi padre me apoyaba y en otras que desaprobaba lo mismo que apoyaba. Tengo varias anécdotas que contar sobre mi padre que me sacaban la sonrisa y otras tantas que hacían brotar mi tristeza o mi furia, son las dos caras de la moneda de toda vida. Me inscribí para estudiar Comercio Internacional en el ITESM.

Ese verano le pedí a mi padre que me diera trabajo en la franquicia que tenía de Multivideo, de Organización Ramírez, en San Luis, así entré a mi primer empleo. La renta de películas estaba en todo su apogeo y el negocio que había abierto un año antes caminaba viento en popa. Los fines de semana regresaba a casa cansada pero contenta. Recuerdo el día en que recibí mi primer pago; de vuelta a mi casa pasé por una tortillería y compré un kilo que le entregué a mi madre, junto con mi sueldo como regalo; cuando se lo di, ella dijo: "Ay, qué bueno que me lo das, tu papá ya me había dicho: 'Vas a ver que hoy le pagan a tu hija y no te va a dar ni un cinco'. Se lo voy a enseñar para que vea que me lo diste". Yo ni siquiera había pensado en lo que fueran a decir, simplemente me nació como un detalle regalarles mi primer pago.

Aunque yo estaba acostumbrada a que mi papá pensara lo peor de mí y mi mamá se convenciera de que lo que él decía era cierto, volvió a dolerme escucharlo. Para mi padre yo era lo que él siempre me decía: "candil de la calle y oscuridad de tu casa".

¿Oscuridad de mi casa? ¿Qué más podía hacer para que me consideraran luz? Cuidé y me responsabilicé de mis hermanas, de mis sobrinos, llegué a ir por ti a sacarte de un restaurante para que tú y el chofer llegaran a salvo a la casa, porque el estado alcoholizado en que se encontraban los dos los ponía en peligro; me involucré en la inauguración de Multivideo y en la administración de Clean Team, simplemente porque quería hacer las cosas y no por buena gente o hija, sino para agradar, lo sentí mi deber. ¿Qué más podía hacer?, ¿qué era exactamente lo que querían y necesitaban de mí, que estuviera flaca y bonita para poder casarme?

Me sentía cansada de no ser suficiente desde muy pequeña, y lo peor es que estas preguntas que hoy son retóricas, nunca me las hice, jamás me cuestioné las afirmaciones que los demás decían de mí; aunque me quemaran por dentro, las tomé como verdades. Lo que me preguntaba era algo así: "¿Por qué soy diferente? ¿Por qué todo lo siento tanto?". En esa época yo ya casi nunca comía lo que preparaban en mi casa, limité mis opciones a sándwiches y queso fundido. Las diferentes dietas seguían desfilando para mí como en pasarela, adheridas a la puerta de refrigerador, como un imán, y a mi cabeza como parte de mi ADN.

Entré al Tec y empecé a conocer amigos. Mi habilidad para la clase de Contabilidad Financiera y la franquicia de la que era dueño mi padre y que estaba de moda fueron mis aliados para socializar. Yo solamente conocía a unas cuantas compañeras de vista y a la hija de unos amigos recientes de mis papás, que, por cierto, hoy es madrina de mi hija y yo de su hijo. Me ofrecí para ayudar en el evento de presentación de las princesas y en el baile de coronación y también para llevar en la camioneta al grupo representativo del Tec que iba a reunirse con Colosio en un hotel conocido de la ciudad. Esta última experiencia fue muy grata; hasta el día de hoy, la personalidad de aquel candidato la recuerdo con admiración y con respeto por la tragedia que vivió esa familia.

Un día una de mis nuevas amigas me invitó a formar parte de la organización de un congreso de liderazgo, y como a mí me gustaba involucrarme en las cosas de la escuela, dije sí sin titubear. El grupo de organizadores estaba formado por cinco hombres, mi amiga y yo. Implicaba horas de trabajo, llamadas, negociaciones con conferencistas y patrocinadores, eventos especiales para los participantes, hoteles para los estudiantes foráneos, entre muchos otros detalles. Aunque mi coordinación era la de Papelería y Publicidad, los siete hacíamos de todo. Era el Primer Congreso Internacional de Liderazgo en San Luis, organizado por estudiantes del Tec de Monterrey. El nombre de la institución a la que pertenecíamos nos abrió muchas puertas, pero también nos costó fuertes críticas de algunos miembros de la prensa que llamaban al evento elitista. Recuerdo que fue la primera vez que me topé con las mentiras que eran capaces de inventar algunos reporteros sin escrúpulos después de una rueda de prensa: pusieron declaraciones bajo mi nombre de cosas que yo nunca ni siquiera pensé. Entre los conferencistas tuvimos a Rigoberta Menchú, Armando Fuentes Aguirre (Catón), Armando Valladares, quien liberó a la hija de Fidel Castro de Cuba y fue preso político viviendo las atrocidades en las cárceles a manos del régimen castrista; Enrique Ramírez, de Organización Ramírez, Carlos Cuauhtémoc Sánchez, Tony Meléndez, quien a pesar de no tener brazos toca maravillosamente la guitarra con los pies; don Roberto García Maldonado, fundador de chicles Canel's; Walter Junghans. El Congreso se llevó a cabo del 3 al 6 de abril y fue todo un éxito. Pese a eso, financieramente terminamos en números rojos. Yo conté con el apoyo de mi papá, que patrocinó a través de Multivideo gran parte de los gastos de papelería y nos compró veinte boletos para el evento completo, los cuales repartió entre los ejecutivos de la Unión de Crédito que dirigía; además, nos facilitó al chofer para que se encargara de los traslados de los conferencistas y un teléfono celular, que en esa época era poco común pero muy útil.

Al finalizar el día, se elaboraba un periódico informativo que se repartía al día siguiente a todos los asistentes, era una de mis responsabilidades. Una semana antes y durante los días del evento me hice el propósito de no comer, solamente tomaba agua; por tanto, el primer día en la tarde, la presión me bajó muchísimo, se me juntó la baja ingesta de calorías con la impresión que me llevé al ver a mi exnovio entrar por la puerta del Teatro de la Paz, tomado de la mano de su novia nueva. Habíamos terminado la relación en febrero por iniciativa mía, a un mes de cumplir cinco años de relación. Él había acabado su maestría y regresado a vivir a San Luis y yo quería tener amigos. Por más que había intentado no lograba sentir que él fuera el hombre con el que quería compartir mi vida. A pesar de saber todo eso, mi amor propio se sintió herido, nunca pensé que aquel que decía quererme tanto se quitara el clavito tan rápido. Además, el día en que terminamos me dijo que le había sucedido la cosa más extraña, meses después supe que aquel día de febrero le habían entregado de la joyería mi anillo de compromiso.

En fin, la presión de la organización del Congreso y todo el movimiento que estaba sucediendo en mi vida en ese tiempo me llevaron a hacer más locuras con las dietas y me hundí en una fuerte y ahora más evidente depresión; mis amigas notaron algo raro en mí, porque cambiaba de estado de ánimo en instantes. Estaba tomando pastillas para adelgazar, que contenían anfetaminas, varias a la vez; nunca comía enfrente de ellas o si lo hacía eran tacos sin tortilla, pizza sin pan, torta sin bolillo y refresco de dieta al por mayor. Al mismo tiempo unas amigas y yo estábamos planeando pasar el verano en un viaje por Europa: aprovechando que algunas de ellas andaban por allá viajaríamos juntas. A principios de año yo había platicado con mis padres acerca del viaje. Mi papá me dijo que me daría dinero para irme a cambio de que yo bajara de peso. Firmamos un contrato fijando la cantidad de mil pesos por cada kilo de menos que marcara la báscula. Por supuesto y no obstante mis períodos de hambrunas, las anfetaminas, los laxantes y diuréticos, no había logrado prácticamente nada de pérdida de peso, oscilaban los números de la báscula entre cincuenta y nueve y sesenta y tres. Por lo tanto, no tendría permiso para irme. Pero mi madre me prestó una tarjeta de crédito para comprar mi boleto de avión, mi pase de trenes y me moví para sacar un pasaporte mexicano provisional que me entregaron una semana antes de irme. El licenciado encargado de autorizarlo estuvo acosándome, pidiendo que nos tomáramos algo, por supuesto no accedí y el día que tenía que recoger el pasaporte lo tomé de su escritorio y salí sin dejarlo decir nada. Mi padre, al final, accedió a darme algo de dinero: unos cheques de viajero, bajo la aclaración de que me iba sin su consentimiento. Aun así, partí el 28 de mayo de 1994. Nunca me arrepentiré de haber hecho aquel viaje. Me enamoré de Europa, sus construcciones llenas de historia, de nostalgia, de resiliencia; sus paisajes hermosamente verdes y los contrastes, la apertura de su civilización. Visitamos diferentes lugares en catorce países de aquel grandioso y viejo continente durante más de dos meses. La travesía estuvo llena de aventuras, de aprendizajes y también de bulimia y desconexión.

Volví a finales de julio. Un ramo de rosas rojas me esperaba en la mesa de la sala. La tarjeta era de mi exnovio, quien al siguiente día fue a visitarme y a pedirme que volviera con él y que nos casáramos. Llevaba el anillo de compromiso. Le respondí con mucha seguridad que no. Le agradecí el tiempo juntos y todo su cariño, pero no sentía amor y ahí se cerró aquella relación.

El siguiente semestre el caos interno, siempre latente en mí, hizo estragos. Faltaba a mis clases, a mis tareas, de lo que nunca se dieron cuenta mis papás, porque, al llegar las calificaciones del Tec por correo, que ni siquiera abrían, solo decían: "Ah, son de Blanquita, ya sabemos que puro 10", así que se apilaban en la barra de la cocina hasta terminar en el basurero.

Mi padre estaba enojado constantemente porque no le gustaba que saliera con mis amigas, pero yo no quería estar en mi casa, tampoco quería tener comida enfrente. Mi salud empezaba a mostrar algunos estragos y una nueva noticia estaría por estallar: mi hermana dos años mayor se separó abruptamente de su esposo y regresaba a San Luis con siete meses de embarazo. En medio de un drama familiar muy fuerte, nació mi sobrino. Yo entré con mi hermana a la cesárea y dentro del quirófano vi que el bebé tenía una coloración extraña y demasiado abultado el pecho. El doctor, papá de mi exnovio, que era el director del hospital y se había vuelto muy cercano a mí, había entrado también a la cirugía; mi padre era consejero de la institución, gracias a todos esos factores tuvimos muchos privilegios. Me dejaron quedarme con mi hermana en la sala de recuperación todo el tiempo, pero nadie me decía algo sobre la salud del bebé. Entonces recibo una llamada, era mi madre, para decirme que el bebé había nacido muy grave, que era muy probable que no sobreviviera a una cirugía de emergencia. Sentí un dolor en el pecho, no podía llorar porque me tocaba acompañar a mi hermana y bautizar a aquel pedacito de cielo antes de que entrara a la operación en la que intentarían rescatarlo, acomodar los órganos en su sitio y quitar las adherencias de su intestino. Hoy, mientras escribo esto, me siento feliz de decir que ese milagro tiene veintiséis años y que soy afortunada de contar con él en mi vida.

"Me rehúso a escribir sin honestidad en las palabras. Lo que no brota del alma no penetra en los corazones. Lo falso es vacío y una hoja llena de mentiras es más hueca que una página en blanco", BMS.

CAPÍTULO 8

MI PADRE, ¿MI ENEMIGO?

¿En qué momento nos convertimos en enemigos hasta el punto de que empezamos a transitar por una relación padre-hija como si camináramos por una cordillera de caminos sinuosos y empedrados, rodeados de oscuridad? Mi admiración por mi padre, por todo lo que logró en su vida, es casi tan grande como mi desdén y equiparable a su competitividad conmigo, solamente me corresponde hablar acerca de mi relación con él. No sé en realidad cómo haya sido la percepción de mis hermanas, lo que sí sé es que yo era, o soy aún, la que muestra tanto rechazo físico por él y creo que tiene que ver con la historia de mi infancia temprana. Hoy tengo la esperanza de que algo haga sentido en mi interior al dejarme vaciar sobre esta hoja con franqueza y sin juicios, ese es el objetivo con el que escribo.

Mi padre tiene una personalidad atrayente y fuerte, tiene el don, por eso desde joven muchos le llamaban don Manuel, con mucho respeto y cariño. A pesar del imán que era su presencia, en el fondo tenía una gran inseguridad, probablemente por su historia, por eso sentía la necesidad de reafirmar sus logros, platicando acerca de todos ellos, de las felicitaciones, las ofertas de trabajo, de su honestidad, entre muchas otras cualidades que lo ensalzaban y que son también ciertas. Todos tenemos nuestro lado de luz y nuestra faceta por mejorar, y esta última nos cuesta trabajo.

De pequeña era mi todo. Lo máximo era verlo y jugar con él. Después, poco a poco fui empezando a rechazarlo sin saber por qué. En un principio simplemente no tenía ganas de sentirlo cerca, no aguantaba su aliento, no me gustaba que fingiera morderme cuando jugaba al lobo con nosotras. Cuando empecé a crecer y las curvas empezaron a ser más evidentes en mi cuerpo, fui separándome más de él y de la mayoría de los hombres, pero principalmente de mi padre. Quería que mi cuerpo fuera plano o que la ropa me tapara cualquier curva. En mi casa se burlaban de la pena que me daba que hablaran de mi ropa interior o de cualquier cosa que yo considerara íntima en frente de él o de cualquiera. Mi nana me decía: "No seas penosa, deberías aprender a tu hermana, a ella no le importa y hasta modela los calzones nuevos". Sin embargo, a mí eso me parecía grotesco, impúdico. Me avergonzaba estar desarrollándome casi a la par de mi hermana, siendo ella dos años mayor; seguía, por ende, sintiéndome una piruja. De verdad, quisiera que mi historia no tratara de tanta desaprobación, pero no estaría siendo sincera conmigo ni honesta con quien me lee si cuento otra versión que para mí es irreal: no es sencillo sentirte pelandusca todo el tiempo.

Yo sabía de los gustos de mi padre, le agradaban las mujeres cabareteras y las *vedettes* de cadera amplia y cintura reducida, con pómulos prominentes; para mi desgracia, mi cuerpo empezaba a lucir así y mis pómulos se notaban cada vez más, sobre todo cuando reía, podía verme en las fotos y me identificaba como una de ellas. Sin que él hiciera algo que lo provocara, yo experimentaba la mirada de mi padre, su presencia y su olor como algo amenazante, y desde entonces he sufrido por tener este sentimiento hacia él. Esa aversión hizo que nuestra relación se hiciera conflictiva. Además, mi forma de pensar contrastaba por completo con su pensamiento machista y controlador. Para él yo era una persona orgullosa y ventajosa (de acuerdo con lo que mi madre me decía) y al mismo tiempo, su orgullo, tanto que frente a los demás me presumía como "la más tigre de sus hijas". Continuamente intentaba quebrarme, sobajarme, humillarme ante las personas. Cada vez que tenía la oportunidad (que al menos era cada domingo), me hacía ver que yo no tenía ningún derecho a tener nada ni a ser nada, creo que le parecía retadora mi presencia porque lo confrontaba por su forma de pensar y de ser.

A mí me gustaba mucho tocar la guitarra, aprendí principalmente de mi cuñado y un poco de unas clases particulares (como dos) que tuvimos mis hermanas, mi madre y yo; de todas, yo fui la única que continuó tocando. Cuando entré al Tec mis amigas me invitaron a un coro, donde me prestaron una guitarra, porque yo no tenía. Entré al coro y tocaba con la guitarra prestada Un día mis papás regresaron de un viaje a Michoacán y traían una guitarra. Me emocioné. Mi papá dijo: "Que te quede claro que no es tuya, puedes usarla, pero es de tu mamá. ¿Entendido? Tú no tienes guitarra". Así que la usé sabiendo que no era mía. Esto, que pareciera algo sin importancia, para mí sí la tenía, porque mi papá lo que no quería era que yo me sintiera dueña de algo, para él su objetivo era mantenerme con los humos abajo. No puedo meterme a su pensamiento, pero mi percepción era esa. Ya no recuerdo qué pasó con esa guitarra. Después, ya casada, mi esposo me regaló una y ahora la siento mía, es mi compañera cuando me siento triste y quiero cantar, y además es mi instrumento de trabajo, porque luego de tantos años seguimos con el coro.

Todos los días, cuando estaba en casa, mi padre encontraba algo para discutir, nunca transcurría una comida sin una discusión, y cuando digo "nunca", es literal, hasta lo más insignificante podía causar que ardiera el ambiente.

En una ocasión llegó muy contento a la casa a proponernos un negocio a mis hermanas y a mí: una tienda de regalos y globos que estaba a la vuelta de la casa se encontraba en venta y justo la atendían cuatro hermanas. La compramos y nos dividimos las responsabilidades. Por entonces, mi hermana dos años mayor ya vivía de nuevo en casa de mis padres y tenía a nuestro pequeño sobrino, que era la alegría del hogar y mi motivación para regresar de la escuela: recuerdo encontrarlo en su columpio en medio de los arcos de la recámara de mis papás. Mis dos hermanas menores estudiaban preparatoria y yo carrera en el Tec. Una de mis características de personalidad ha sido mi intensidad y apasionamiento por las cosas, y en este caso no fue diferente, me emocionó la idea de tener la tienda y me involucré completamente, empecé por remodelarla con ayuda de Gustavo, que era entonces mi novio, y de algunas de mis amigas y mi nana. Mis hermanas pusieron pretextos o quizá estaban realmente ocupadas, yo más bien creo que no les interesaba tanto el negocio, su vida estaba en otras cosas en aquel momento en plena adolescencia. Poco a poco me fui quedando sola con todas las responsabilidades de la tienda. Por cualquier situación que haya sido mis hermanas nunca se involucraron ni cubrieron la parte que les correspondía en cuanto a compras, horas de atención y más responsabilidades. Por ejemplo, el 24 de diciembre yo cerré casi a las once de la noche y el 31 decoré un restaurante y un club con la ayuda de Gustavo, de mi nana y un poco de una de mis hermanas. Mi hermana la menor estaba operada y mi hermana dos años mayor dijo que tenía que quedarse con mi sobrino. El 14 de febrero, que es la fecha de más trabajo en las tiendas de regalos como la que teníamos, mis hermanas se fueron a México a la boda de una prima y yo me hice cargo junto con una persona que contraté para que nos ayudara en las horas en las que yo estudiaba. No me quejo, porque la verdad es que yo no me sentía a la altura de esa boda y prefería evitarla; hacía años que no veía a mis primos de cariño y a mi madrina de primera comunión, por lo que no me sentía segura, así que ni siquiera hice algo para ir a la boda, me quedé a atender la tienda, en donde, por cierto, nos fue muy bien, ya que englobamos rosas rojas con listones, se veían muy originales. Las cosas no cambiaron, mis hermanas no se hacían cargo de la tienda; por consecuencia, un día nos juntamos y decidimos que yo me quedaría con la tienda, porque a ellas no les daba la vida, aunque yo sabía que la realidad era que no era su momento para tomar responsabilidades. Cuando le dije a mi madre en lo que habíamos quedado, me comentó que le parecía excelente la idea.

Sin embargo, al día siguiente me contrarió: "Tu papá ya me había advertido que esto iba a suceder, que tú terminarías quitándoles la tienda a tus hermanas y quedándote con todo". Ese comentario lo sentí tan injusto, ni siquiera fui yo quien lo decidió, fueron mis hermanas. "Tu papá tiene voz de profeta", añadió mi madre. Y no es que yo sea ni haya sido un dulce ni mártir, por supuesto que me defendí frente a esas aseveraciones, pero era inútil y me sentía impotente. Por más que expliqué cómo estuvieron las cosas, no sentí que eso cambiara en nada la percepción de mis papás acerca de mí y de mis intenciones. Nunca vieron que fui yo la única que se responsabilizó de la tienda, y, a pesar de que lo dije y muy enojada, ahora era ventajosa y aprovechada; solo vieron lo que quisieron ver y nada más. Tampoco es que yo llevara muy bien la tienda, no era buena para cobrar y muchos de mis amigos y amigos de mis hermanas iban y les daba unos precios que ni siquiera eran el costo de lo que les vendía. Así, pues, con mucha tristeza decidí vender la tienda a la joven que me surtía las tarjetas y que hasta el día de hoy que escribo estas líneas continúa siendo la propietaria. Las paredes tienen el mismo color que les puse y me trae recuerdos porque en la noche, detrás del muro, Gustavo me ayudaba con los arreglos y mis amigas y yo pedíamos tacos para terminar el trabajo. Me quedé con los recuerdos lindos y con la experiencia. Vendí, pagué lo que se debía del crédito y cerré el capítulo. Mi imagen frente a mis padres y a mí misma caía una espiral más abajo.

    De cara a los demás, mi padre se veía orgulloso de mí, pero en la intimidad de nuestra familia se encargaba de hacerme ver que el hecho de que estudiara no valía nada para él; me cortaba las alas retándome y diciéndome que alguien de calificaciones de 10 no pasaba de taxista, que la vida era otra cosa, que yo era una corregidora, que la iba a pagar con mis hijos, que me daría una moto o dinero para el camión para irme al Tec y que no me fuera en el carro de mi mamá, pensando que eso me afectaría. Para mí eso no era importante, pero él pensaba que sí. Nunca me conoció realmente en esa época y quizá yo tampoco a él, solo fui para él lo que él quiso o necesitó creer de mí para volverme un rival, una competencia absurda con la que me embauqué y de la que no me logré escapar.

Al casarme, pensó que ganó, más adelante descubrirán por qué. Incluso mi boda fue un reto. En apariencia, estimaba a Gustavo, aunque lo consideraba económica y socialmente inferior, de modo que tampoco lo conocía en realidad. Cuando le enseñé mi anillo de compromiso solamente dijo: "Ah, qué bien". Fue toda su expresión. Para mi boda, hubo una lucha, nunca mostró desaprobación frente al evento, pero tampoco apoyo. Le dije que por mí no había problema, que me casaría sin fiesta ni nada, solo la celebración religiosa. Me ofreció darme quince mil pesos para que me fuera de luna de miel y que hiciera un brindis. Le dije que gracias, que lo tomaba para el viaje, pero que no me alcanzaba para además hacer un brindis. Se molestó y me dijo que no era posible que no hiciera nada, porque vivíamos en sociedad. Finalmente, no me dio nada en aquel momento. Sin embargo, mi mamá se puso emocionada de que iba a casarme y empezó a hacer cuadros y venderlos; me dijo que ella cocinaría y que lo haríamos en el Club Libanés; cambió vales de gasolina con uno de mis mejores amigos, que era dueño de unas gasolineras; fue comprando poco a poco el vino y se trajo *roast beef* de Estados Unidos. Todo, poco a poco. Así la boda salió.

El día de mi boda en la mañana mi padre nos vio muy nerviosas haciendo cuentas en el vestidor de mi madre y dijo que ya no nos preocupáramos, que él cubriría lo que faltaba. Mi nana ayudó, me dio de sus ahorros. Una tía de Guadalajara y Gustavo también pusieron otro poco. Mi boda estuvo hermosa, sin nada de lujo, pero el lugar no lo necesitaba ni los invitados tampoco. Mis amigas hicieron muchas cosas para el baile y fueron casi setecientos invitados que aplaudieron emocionados cuando entramos al salón con la canción de Elton John "The Way You Look Tonight". La pasamos increíble. Mi misa estuvo preciosa, llena de detalles. El sermón del padre que me conocía desde niña también estuvo excepcional, recuerdo que nos dijo que lo más importante era estar casados con nuestro mejor amigo, siempre ser cómplices y amigos; lo he tenido presente hasta el día de hoy que escribo. Todo salió de maravilla. Vinieron mis tíos de fuera y se sentía alegría y cariño en el ambiente. Pero mi padre estaba totalmente desconectado, nada más lo recuerdo en el vals y después creo que se sentó en una mesa y de ahí prácticamente no se movió en toda la noche. Él, que era el alma de la fiesta a la que fuera, en mi boda esa alma no apareció. Ya no supe cuánto dinero terminó aportando, pero creo que lo del grupo musical, y a mí me remordió la conciencia por que hubiera tenido que pagar, aunque fuera poco, me sentía comprometida a devolverle el favor. No pagué toda la boda, pero sí cubrí las colegiaturas de la mitad de mi carrera en el Tec.

Cuando estaba a mitad de la carrera y aún sin planes de casarme, ni novio tenía, un día escuché a mi padre quejarse en su recámara, que estaba al fondo del segundo piso de la casa; oí sus pasos rechinando en el piso de madera, denotaban cierto ritmo de preocupación. Yo estaba en la sala de tele cuando dijo: "Es que son muchos gastos los que tenemos, habrá que recortar porque yo soy solo y por eso traigo la presión tan alta". Me mortificó escucharlo y saber que mi colegiatura era uno de esos gastos que le estaban causando tanta preocupación, por lo que me acerqué tocando a su puerta y le dije: "Papi, no te preocupes, yo te ayudo con lo mío, déjame trabajar y yo te apoyo para que ya no te apures por eso". Yo no tenía trabajo que me diera un sueldo que me alcanzara para pagar las mensualidades, pero ya vería la manera; ni siquiera me fijé en el compromiso tan grande que estaba haciendo con mis palabras, en lo único que pensé en ese momento fue en quitarle preocupaciones. No trabajé como para que me alcanzara, además tenía la deuda del Congreso, que nos había quedado a los organizadores. Mi padre no volvió a pagar ningún mes de colegiatura.

Un día, no recuerdo el motivo, acudimos mi madre y yo con la psicóloga que me había visto en la adolescencia, ahí hablamos del tema y mi madre externó: "Su papá dice que ahora por orgullosa no se los va a pagar, pues él sabe que es por orgullo que Blanquita le dijo eso". Yo volví hacia ella con la mirada desconcertada por lo que acababa de escuchar, le respondí a mi madre que ella me conocía muy bien y que sabía que yo lo había dicho para que mi papá se sintiera más tranquilo. Mi padre había seguido gastando en otras cosas, pero por lo que él interpretó como orgullo de mi parte jamás volvió a pagar el Tec.

Un semestre después de que terminé mis materias, y ya con seis meses de casada, la administradora del Tec me dijo que si en una semana pagaba mi deuda quedaba en sesenta y tres mil pesos en lugar de los ciento tres mil que se debían por los intereses moratorios. Le pedí ayuda a mi padre con un préstamo que le pagaría con intereses, pero me dijo que no, que ese ya no era su problema y que lo resolviera como pudiera. Lo hablé con Gustavo, a quien le habían pagado un dinero con un Grand Marquis; sin reclamar, solo me dijo que fuera a ofrecer en venta el carro (él no podía ir porque tenía mucho trabajo), me dio las llaves del auto, para que fuera a ofrecerlo a los lotes de autos. Con que me dieran lo que debíamos con eso se conformaba, y así fue, lo vendí por esa cantidad y nos quedamos sin carro, solamente una estaquita de la oficina en la que se movía él y una moto chiquita que tenía, pero sin deudas.

En diciembre fue mi graduación. Saliendo de la ceremonia de entrega, ya en la camioneta con mis papás, mi mamá nos dijo que mi papá nos quería regalar el enganche para un carro chiquito, pero que habían pensado que luego nos quedaríamos muy ahorcados con los pagos, así que consideraban mejor darme el coche que una de mis hermanas traía en San Antonio, porque allá le daba muchos problemas, ya estaba muy viejo y se le quedaba en el *express way*, lo que lo hacía un peligro que en San Luis no sería tanto. Comprarían otro carro para mi hermana y a mí me darían ese que, por cierto, se lo habían comprado carísimo a mi hermano, junto con un GEO de tres cilindros que me dieron antes de casarme y que ya había yo vendido porque era un problema en carretera y teníamos que viajar al menos cada seis meses para los permisos. Sé que mi madre lo dijo con la mejor intención; sin embargo, si yo hubiera aceptado el carro de mi hermana, me habría implicado otro problema, porque de igual manera tendría que invertir en mecánico y no sería muy seguro para viajar cada seis meses en carretera a renovar el permiso de internación vehicular.

Para mi padre, de alguna manera se estaba cumpliendo su profecía, su deseo que me había externado una vez cuando estábamos en esa mesa blanca y larga del desayunador de su casa, que fue testigo de tantas discusiones sin sentido. Él insistía en que teníamos que casarnos en Estados Unidos, estaba furioso porque queríamos casarnos en México. Yo le dije que lo iba a platicar con Gustavo y que juntos tomaríamos una decisión, a lo que me contestó gritando y con la cara totalmente transformada, parándose frente a mí y señalándome con su dedo de advertencia: "Ah, sí, muy fregona para tomar decisiones, ya te voy a ver cuando vengas a rogarme: 'Papá, dame porque mi marido no tiene para darme de tragar, y no te voy a dar ni madres y te vas a chingar'". Traté de mantener la calma y pensar lo que siempre cuando me insultaba, que no sabía lo que decía, que había sufrido mucho y desgraciadamente también pensaba en aquello que me decía mi mamá: "Tu papá tiene voz de profeta". Todavía al escribirlo siento miedo, mucho miedo y culpa, porque hoy, mientras escribo esto, mi realidad es muy diferente. Las palabras no son inocuas y menos cuando vienen de alguien a quien consideras importante y sabio. Por desgracia se quedan tatuadas causando duda, incertidumbre y dolor y también puede ser lo contrario, puede que te alimenten, te sostengan y te animen.

Cuando estudiaba en el Tec, estuve varias veces hospitalizada por diferentes razones. Algunas veces mi madre permaneció y luego se fue, y otras veces de plano no se apareció porque mi padre no lo permitió, él decía que yo quería robarle la atención de mi mamá y que solamente la mortificaba y la ponía en su contra. Mi padre ha sido muy violento verbalmente, hiere mucho cuando habla. En una ocasión, se acercaba una cirugía de rodillas que tenía programada y para la cual había hecho arreglos ya con mis maestros y con los médicos. Mis papás estaban en San Antonio con mis hermanas. Dos días antes de la operación, se suponía que llegaría mi madre para estar conmigo; no obstante, recibí una llamada de mi papá para decirme que mi mamá no se iba a regresar, que cancelara todo; le pregunté la razón y me dijo que porque él lo ordenaba y que ella se quedaría con mis hermanas. Le informé que ya estaba todo listo y me contestó algo así: "Pues no y no, y si quieres opérate sola, porque tu mamá no tiene fecha para regresar". Mis amigas y Gustavo me apoyaron. Me operé sin mis padres. Una de mis mejores amigas me llevó a su casa saliendo del hospital para cuidarme, ella era la única que estaba casada en ese entonces. Cuando ya estuve mejor regresé a mi casa, donde se encontraban mi nana y mi padre. A los dos días empecé con dolor en la pierna izquierda y se veía inflamada, le llamé al doctor De Ávila y fueron él y su esposa a verme; cuando revisó mi pierna me dijo que tenía que internarme pues era peligroso porque al parecer tenía un coágulo. Sentí muchísimo miedo, sabía que mi padre se enfurecería si yo volvía al hospital y me trataría de mentirosa, así que le rogué al doctor que me dejara en casa, pero no pude convencerlo y me llevaron de nuevo a internarme. Ya estando canalizada en mi habitación entró mi padre azotando la puerta y gritando: "¿Ya estás contenta?, ahora sí tienes lo que quieres; mortificar a tu madre nada más, a ver si esta vez sí te mueres". El doctor De Ávila se sorprendió de escucharlo e intentó calmarlo explicándole que no era culpa mía, que los doctores tenían que haberme puesto anticoagulante. "Pues me vale madre, y prohibido que alguien le diga a tu mamá, ya se lo prohibí a Yola también". Y se fue. El doctor me dijo que seguramente había reaccionado así por la preocupación, que cada persona tenía su manera, pero no volvió al hospital ni llamó para ver cómo seguía. Me quería morir, no podía hacerlo porque, de acuerdo con mis creencias, no me quería ir al infierno, pero al menos podía contribuir a morirme, arriesgarme al máximo, por lo tanto, guardaba la medicina debajo de la lengua y la tiraba en la taza del baño cuando se iba la enfermera, o me paraba de la cama para ver si el coágulo se me iba al pulmón y terminaba conmigo de una vez. Rezaba para que empeorara. Gustavo y mis amigas me acompañaban por ratos y en la noche una de ellas se quedaba conmigo; eso me hacía sentir culpable, no quería que pensaran mal de mis papás. Todo era mi culpa por ser yo y por haber decidido operarme sin ellos.

Me dieron de alta y me fui a la casa con reposo absoluto, que no respeté. El doctor De Ávila me confrontó porque en el hospital se había dado cuenta de que no me tomaba la medicina, ya que mis indicadores empeoraban en lugar de mejorar. Me dijo: "¿Por qué haces esto?, ¿por qué te quieres morir?". Por supuesto, lo negué, a pesar de que lo deseaba con todas mis fuerzas. Después vinieron otras cirugías, una de un absceso pararrectal, que mi papá dijo que seguro sería un pelo enterrado a pesar de mis cuarenta grados de temperatura, el cual me drenaron y era del tamaño del puño de la mano. Fue justo en mi cumpleaños. El doctor De Ávila me operó y dijo que se debía a mis pésimos hábitos, el recubrimiento de mi intestino estaba muy deteriorado y tenía varias fisuras. Mi mamá ese día me preguntó si me importaba que se fuera de viaje a acompañar a mi papá, total, yo estaba muy acompañada por mis amigos. ¿Qué podía decir?: ¿"Quédate, te necesito"? Me hubiera gustado ser importante al grado de que ni siquiera se le ocurriera la posibilidad de hacerlo, pero por su voluntad, por su amor, por su maternidad. Mi mamá se fue y yo me quedé rodeada de amigos, flores y pastel, y dolor, mucho dolor, y culpa de ser yo y de sentir ese dolor. Nunca me he sentido con derecho de que duela.

Mi papá también me dijo que a mí me gustaba ser mártir, que me parecía en eso a una de mis tías. Por eso no quiero que duela, no quiero ser eso que dice.

Desde que me casé, y todavía algunas veces, mi padre suele decirme: "Todas tus amigas se casaron muy bien, ¿verdad?, con buenos partidos". No quisiera poner atención a esa y a otras insinuaciones. En una ocasión les pedimos su camioneta para un viaje a un entrenamiento de trabajo, porque nuestro carro no estaba como para carretera, mis papás andaban de visita en San Luis y les dejaríamos el coche un fin de semana para que se movieran, y ellos nos prestarían la camioneta. Cuando estábamos todos juntos, mi papá dijo: "Fíjate que tiene razón tu mamá, no podemos quedarnos con tu carrito, hay una reunión de Unicrer y si nos ven en él van a decir que qué fregado está don Manuel, qué mal le ha ido". Mi mamá le torció los ojos y trató de decir que no era cierto, pero mi papá volvió a decirlo y reiteró lo mismo, así que nos prestaban su camioneta, pero preferían moverse en taxi. Por no sobredimensionar la cosa ni hacerlos sentir mal actué como si no hubiera pasado nada, aunque a Gustavo le había caído como puñalada.

La última vez que discutí fuertemente con él, estábamos en casa de mi hermana, íbamos a platicar sobre cómo apoyarlos. Mi nana estaba en el cuarto y mi papá dijo: "Pero que se vaya ella, solamente la familia". Fue como si me estuviera dando una cachetada de fuego en la cara: mi nana, que ha dado todo su sueldo de años para mantenerlos a ellos sin quejarse, que ha dado su vida para cuidarnos, ahora resulta que es solo "servidumbre", como la llamó. Le dije que estaba mal, que su soberbia era su perdición, que mi nana tenía más voz que ninguno en ese cuarto; me llamó víbora que se enrosca como una ponzoñosa culebra y avienta veneno en cualquier lugar al que va, y que además era una pendeja. Le contesté que el único con ese calificativo en ese cuarto era él y que todo eso lo decía por el coraje que tenía contra sí mismo por las malas decisiones que había tomado. Me corrió del cuarto y me fui.

De nuevo en San Luis, asistí a su casa y volvió a insultarme, así que le dije que no volvería, pero me sentía mal, me remordía la conciencia, por lo que de repente iba, hasta que se fueron de San Luis. Ahora que escribo esto, viven lejos y, a pesar de que me entristece verlo ya muy acabado, sigo sin poder acercarme físicamente a él, solo decido dejar de pelearme con eso. De cualquier manera, lo honro y agradezco lo que me ha enseñado en la vida, ya no lo juzgo, lo veo como un ser humano intentando hacer lo mejor que puede con los recursos que tiene para salir adelante en su propia y particular experiencia de vida. Estoy en paz con él y pongo límites para poder continuar con mi vida sin arrastrar todo esto en mi cabeza.

"El dolor que no aceptas no puedes transformarlo", BMS.

CAPÍTULO 9

EL MUNDO DE CRISTAL Y LA PISTOLA DEL PRESIDENTE

La casa de la colonia Jardín, el lugar donde se guardaron muchos de los secretos de familia, ya quedaba muy grande para dos personas, pero mis padres aún no se decidían a venderla. Pasaban la mayor parte del tiempo en el salón de la parte de atrás, que estaba cruzando el jardín. En ese rincón alargado estaba un bar. Mi padre había acomodado su escritorio para recibir ahí a quienes fueran a visitarlo o a hacerle alguna consulta financiera. Las dos mesas rectangulares estilo rústico, con las veinte sillas, seguían estando ahí, en espera de alguna reunión familiar que cada vez se espaciaba más.

Mis hermanas se casaron o simplemente se fueron y coincidió que todas vivían en Estados Unidos, así que yo era la única que iba a visitar a mis padres, algunas veces con mis hijos y otras sola. Aquel día llegué por la mañana a saludar mientras llegaba la hora para ir por mis hijos al kínder; mis papás me habían dado llave de la puerta y, aunque me habían dicho que no era necesario que timbrara y que yo podía entrar y salir cuando quisiera, nunca me sentí cómoda ingresando así, me gusta respetar su espacio; además, esa casa ya no la sentía mía desde el día en que me casé.

Toqué el timbre, y no me contestaban, insistí varias veces; me pareció extraño, así que decidí usar mi llave y entrar por la puerta del desayunador, me asomé y en la cochera estaba su camioneta, entonces me acerqué al ventanal de la cocina blanca y vi que estaban en el salón de atrás; se veía cómo manoteaban y discutían, mi padre, sentado frente a su escritorio, y mi madre, dando la espalda, vestida en color turquesa. Crucé el jardín y abrí la puerta de cristal. Me recibió mi madre con su rostro aún más pálido de lo blanca que ya es, estaba temblando y me dijo muy exaltada: "¿Escuchaste lo que acaba de hacer tu papá?", le dije que no, que nada más había oído que habían tronado un cuete, pero lejos. "¿Cuál cuete?, tu papá acaba de disparar la pistola y casi me da un tiro". Mi padre sonreía tratando de minimizar el asunto, argumentando que se le había escapado el tiro mientras limpiaba la pistola. En efecto, había disparado un revólver que años atrás le había regalado un amigo suyo y que tenía las cachas de oro y las iniciales del general Lázaro Cárdenas, pues presuntamente había pertenecido al expresidente, motivo por el cual mi padre lo cuidaba de manera especial. Una bala de ese calibre, tirada a menos de un metro de distancia, pudo haberle causado un gran daño a mi madre o incluso costarle la vida, no imagino la reacción que habría tenido mi padre de haber sucedido así. Únicamente la separaba el escritorio de caoba sobre el que había algunos adornos además de papeles. La bala pegó en un mundo de cristal que estaba sobre aquel mueble, era tan sólido, y Dios tan grande, que la bala, al pegar en aquel pequeño pero sólido mundo de cristal, se desvió hacia la barra para incrustarse en la pared de ladrillo. Me costaba creer que mi padre, que era muy precavido y siempre estaba pensando en los peligros, hubiera estado limpiando el arma cargada completamente con todos los tiros.

Mi madre estaba muy molesta, pero no dimensionó lo sucedido, decidió quedarse con la explicación otorgada por mi padre, aunque le tomó un tiempo reponerse del susto. ¿Coincidencia que haya sido un mundo de cristal el que salvó la vida de mi madre? Yo más bien lo veo como una analogía divina, del mundo de cristal que mi madre se construyó en su mente, en el que todo lo veía mejor de lo que en la realidad era. Sí, creo que mi madre creó un mundo de cristal para protegerse de tener que enfrentar muchas veces a "la pistola del presidente" o, dicho de otra manera, a la impulsividad de mi padre y de esa manera mantener su vida como un perfecto mediodía a los ojos de los demás y, definitivamente, a los ojos de ella misma.

Con esto, no anulo la realidad de que mi padre tuvo muchas cosas buenas y nos hizo pasar momentos inolvidables, pero, por desgracia o porque así es la vida y nada más, nos pesan los momentos y las reacciones que nos duelen, porque salen desde la ira y la desconexión entre la mente, el corazón y las acciones o las palabras, enlace necesario, para tener algo de congruencia, a mi padre la mayor parte del tiempo le faltaba, y, aunque después se arrepentía, no eran palabras ni acciones fáciles de asimilar.

Mi madre, a pesar de decir que lo que más le molestaba eran las mentiras, vivía en una, para protegerse, para no perder a mi padre, no lo sé. La manera de comunicarse de ella siempre fue un triángulo, justamente como la trayectoria que aquella bala hizo al ser desviada por el mundo de cristal. ¿A quién protegía mi madre? Una mujer de aparentada calma, que, cuando explotaba, era en estallidos descontrolados y decisiones tomadas sin pensarlo. No puedo decir que admiro su paciencia, porque algunas veces me gustaría que pusiera límites, que fuera más congruente y que se pusiera de su lado. No soy nadie para juzgarla, lejos de ello le agradezco porque, como he dicho ya, hizo lo mejor que pudo con lo que "tenía", pero me hizo falta, la necesité mucho, me hubiera gustado que de pequeña me defendiera, porque sabía algunas de las cosas que me hacían y no tomó cartas para no quedar mal con mis medios hermanos; eso me ha dolido. Eso mismo, me ha enseñado a estar presente y a pensar en el recuerdo que quería dejar en mis hijos de su primera infancia. Mi madre estaba al pendiente de la escuela, de las fiestas, era coordinadora de mi grupo y nos organizaba todo de lo mejor, esa era su manera de mostrar su cariño y con eso me quedo. Hoy que escribo esto, ella es una madre cariñosa, sigue siendo muy paciente con mi padre y es una abuela amorosa. A ella le debo mi viaje a Europa, mis quince años, mi boda, algunos muebles de mi casa y muchos enseres domésticos.

Me hizo falta, pero fue su manera de estar.

CARTA A MI MADRE

Acerca de ti poco he escrito en mis páginas. Me hiciste mucha falta, necesité de ti, de tus abrazos, de tus cuidados, de tu protección; de pequeña te vi tan hermosa e inalcanzable y al no poder tenerte me sentía ciudadana de segunda clase a la que no le era permitido acercarse a la reina; te veía tan perfecta, tus manos, tus uñas, tu hermoso cabello negro, tus ojos grandes, tus pestañas largas; vestida con seda y tacones, tan admirablemente lejos de mis posibilidades. Me hizo tanta falta tu amor maternal. ¿Qué te impidió abrazarme de pequeña? ¿Quién te ató los brazos para no defenderme? ¿Por qué no bajaste de tu trono de reina para verme de cerca? ¿Cómo fue que delegaste a otros no solo mi cuidado, sino el amarme? Era una clase de amor que solamente tú hubieras podido darme, y ¿cómo te lo pedía? ¿Cómo?, si pensaba no merecerte. ¿Cómo puede una madre aliarse a quien daña a su hija para evitar problemas? Si me hubieras visto quizá hubieras notado lo que pasaba conmigo. Te extrañé y me aferré a otras figuras para que me dieran lo que necesitaba de ti, y cuando fui creciendo me llevabas al confesionario de tus preguntas en el sillón, para saber todo de mis hermanas y me sentía responsable de cuidar de ellas. Hice todo para merecerte hasta enfermarme y tampoco sirvió de nada, pero se me quedó grabado que esa era una forma de tenerte y me mentí, me engañé, porque tampoco fue así. La enfermedad no atrajo tu atención, y no es que conscientemente yo me haya provocado mis padecimientos, pero desde muy pequeña aprendí que los enfermos necesitaban cuidados: quería tener asma como mi hermana para que me tuvieras que vacunar y estar cerca de ti, me sentía desafortunada por no padecerla, quería que me operaran de las anginas para estar rodeada de muestras de cariño, pero tampoco sucedió, por eso después cada vez que entraba al hospital sentía que yo lo provocaba, incluso me pasó eso con las cirugías de mis hijos; la única en la que no pensé que yo había tenido culpa e injerencia en la decisión del médico fue en la primera cirugía de José Andrés, porque su malformación hacía obvia la necesidad de hacerlo, de las otras dos me sentí culpable, pensé que el no haberle hecho bien los ejercicios a José Andrés se la había ocasionado y que eso respondía a mi necesidad de atención y mi antiguo aprendizaje de recibirla solo si había una hospitalización de por medio. Y de la cirugía de María Paula ni se diga, dudaba del diagnóstico a pesar de los resultados de los estudios, como si yo hubiera ocasionado todo; sentí todo el peso de la decisión sobre mis hombros por la culpa, lo consulté por eso con varios de mis amigos médicos. Cada una de las veces que he estado internada salgo y me siento culpable, mentirosa y quiero escapar. La culpabilidad me pesa mucho y la única manera que conozco para huir es la depresión, desconectarme, dejar de hacer cosas.

Mami, ya soy una mujer adulta, ya no necesito tu atención y tu protección, me quedo con lo que supiste darme, segura de que fue tu manera de estar presente con la madurez y los recursos personales que tenías: mis fiestas, las coordinaciones de mi salón, mis quince años, mi viaje a Europa, mi boda en la que te luciste aun sin el consentimiento de mi padre; lo demás, lo que dolió, lo que faltó lo entrego agradecida por todo lo que aprendí con lo vivido, el tener que ser muy bonita, la necesidad de ser alabada por los demás por el físico ya no es mío, entendí que esa parte no me pertenece, que soy libre y que está bien ser como soy y quien soy. Eres una mujer *positiva y muy paciente con mi papá, también buscando el quedar bien con todos sin comprometerte con lo que tú piensas, como veleta.* Pero me salgo de tu pista de vientos que oscilan sin llevar un destino ni una dirección definida, yo dirijo mis caminos y decido cuáles tomar, ya no dependo de ti ni de mi papá ni de tu aprobación, soy adulta y te abrazo con lo que tú eres sin juicios. Recuerda que esta es solamente mi experiencia y mi percepción de la historia. Te deseo que con valentía tomes lo que es tuyo. Completamente me libero y agradecidamente lo dejo atrás, volteó a mirarte únicamente con el respeto y desde el amor, pero sin apego. Hoy decido tomar mi vida y cortar los dolorosos hilos del pasado que me detenían, para continuar con una existencia mucho más libre y plena con mi propia luz a recibir con brazos abiertos todo lo que la vida tiene para darme. Gracias porque en su momento fueron esa planta de la que me nutrí y crecí con lo que había en esa tierra, para ahora tomar ese hijuelo que soy con mi familia y plantarlo en otro espacio, con la genética de mi planta original, pero con otra tierra que nutre con sus recursos y desde sus propias posibilidades y aprendizajes. Con el corazón y desde el amor.*

Gracias por todo, mami.

Tu hija, Blanca Sáenz

"Algunas veces el único camino que tenemos para llegar a la paz es atravesando el dolor", BMS.

CAPÍTULO 10

¿QUÉ HICE?

Era el mes de abril, un día por la tarde en el que estaba algo gris el cielo haciendo juego con el color que tenía mi alma. Habían pasado pocas semanas después de haber tomado la decisión de hablar con mis padres y confesarles lo que venía haciendo desde hacía más de cinco años para evitar engordar, muchas de esas veces con resultados contrarios a lo que esperaba y cada vez aumentando más de peso: los kilos subían a la inversa de mis ganas de vivir. Después de la comida, finalmente reuní el valor para hacer lo que yo consideraba una arriesgada confesión. La esperanza de que esta vez me equivocara con respecto a su respuesta y la presión que sentía porque ya había más personas que lo sabían fue lo que me llevó a dar ese paso. Aquella tarde ellos reaccionaron con una actitud abierta, prometiendo darme todo el apoyo para que yo recibiera la ayuda necesaria y evitar que se pusiera en riesgo mi salud. Recuerdo haber recibido llena de reservas su actitud, casi podía adivinar que aquel apoyo no duraría ni el cuarto de tiempo de aquella estación de primavera. Cuando hablé con ellos, yo ya tenía información de un psiquiatra que podía ayudarme, me la había pasado una amiga que atravesaba por un trastorno de la conducta alimentaria. Mis padres me pidieron que hiciera una cita para mí y otra para ellos. Desde la primera consulta el médico me diagnosticó bulimia con lapsos de anorexia y escribió una prescripción con el nombre de un conocido medicamento que daba buenos resultados en casos como el mío; a la par, iniciaría una psicoterapia para mí. Recuerdo cuando lo vi por primera vez, su seriedad, su cuerpo alto y su bigote me impusieron mucho respeto y a la vez me dio confianza su profesionalismo y la atención que puso para escucharme. Mis padres acudieron también a la cita programada. Cuando regresaron a casa, sus rostros denotaban molestia y desagrado. "Ese doctor lo único que quiere es sacarnos dinero", dijo mi madre. El psiquiatra les había dicho que era necesario terapia familiar, puesto que en esos trastornos generalmente se esconden relaciones familiares patológicas. Él no daba ese tipo de terapia, pero sí podía tratarme a mí. A ellos les pareció que estaba equivocado, argumentaban que no estaban divorciados como para necesitar ese tipo de ayuda. Por lo tanto, solamente fueron a dos o tres consultas.

Una tarde de ese gris abril, después de la última cita que tuvieron, en mi casa hubo una explosión colosal que no había sido provocada por gas o por un corto circuito ni por nada físico, pero que a mí terminó por volarme el alma en pedacitos. Estando yo en mi habitación escuché llegar a mi mamá azotando la puerta y gritando mi nombre desgarrándose la garganta: "¡Blanca, ven inmediatamente!". Y arrancando el aparato del teléfono agregó: "¡Se acabó, tú no necesitas nada de esto, a la fregada con los privilegios y el psiquiatra que lo único que hace es darte por tu lado para sacarnos dinero; todo esto tuyo es una mentira, lo único que quieres es llamar la atención, pero estás muy mal si crees que vas a seguir con esto, se acabó, eres una malagradecida!". Sus gritos la hacían toser y su cara estaba transformada, la mirada en su rostro me atravesaba con toda su desaprobación y su coraje. En ese tiempo yo participaba en una obra de teatro del Tec de Monterrey. Cuando mi madre terminó de descargar toda su furia, le pedí perdón llorando con una madeja de sentimientos que se me atoraban en el pecho, pero sobre todo de culpa; le supliqué que por favor no se pusiera mal, que todo era culpa mía y que tenía razón, que eso iba a terminar. Lo que no quería era ser yo un motivo para su preocupación, pero por dentro me sentía deshecha, sabía que el apoyo prometido no duraría y no era que me importara seguir con mis conductas y mis patrones de alimentación o que me preocupara hacerme daño, porque dañarme era algo que deseaba en esa época de mi vida, dañarme hasta desaparecer. Lo que me preocupaba realmente era estar causando enojo y que me vieran como una mentirosa, algo mucho más profundo y doloroso. Quería desvanecerme, desaparecer y borrar mi presencia, esfumarme en el viento, que mis cenizas volaran hasta perderme en la inmensidad y no volver para no ser una molestia, un dolor de muelas, una mentirosa piedra metida en el zapato. Le dije que tenía que ir a ver unas cosas del vestuario de la obra y me fui, salí de aquella casa dejando colgadas en la puerta mis ganas de vivir y llevándome más llenas las maletas con culpa y desesperanza.

No era el trastorno de alimentación, era algo más lo que me hacía rechazarme y odiarme con todas mis fuerzas. Me fui en busca de un abrazo para seguir, para reconstruirme o para derrumbarme, no lo sabía. Llegué a la casa de una de mis mejores amigas. En esos momentos deseaba que mis papás pudieran entenderme y protegerme como lo hacían los papás de ella: un señor alto y con una personalidad carismática y ella una hermosa señora de ojos grandes con una capacidad de escucha y de apapachar el alma con quienes tenía una relación muy cercana, yo los había adoptado como figuras importantes en mi vida, en particular porque salía con ellos en familia, me tomaban en cuenta y nos reíamos mucho. Cuando vi a mi amiga, se me salieron las lágrimas otra vez y aunque quería pedirle que me abrazara. Yo me preguntaba: "¿Qué hago aquí? ¡Qué tonta! ¿A qué vine?". Y le di un abrazo diciéndole: "Perdón, perdón, ya me tengo que ir". Mi cuerpo temblaba, no sé qué tantos químicos se habían descargado dentro de mí y mezclado con los que había tomado; yo solamente quería irme corriendo y terminarlo todo. La hermosa señora de ojos grandes me vio y me dijo que no iba a permitir que me fuera, así me pidió que me subiera a su auto y me llevó al consultorio del psiquiatra. Ese día tenía cita a las 3:20.

Entré al consultorio en el que me recibió ese característico aroma que hoy me da confianza y paz, pero en ese momento no tenía esa misma acción sobre mí; traté de no mostrarme tan deshecha como me sentía por dentro, para que el doctor no pudiera detener mis intenciones: saliendo de ahí terminaría con todo el sufrimiento y la culpa de ser yo. Le platiqué que mi madre había arrancado uno de los teléfonos de la casa y que seguramente ya no regresaría a terapia, entonces él comentó: "La nutrióloga le dijo a tu mamá que tú le habías ofrecido dinero a cambio de que les confirmara a tus papás tu trastorno de alimentación, pero que no tenías nada". No podía creer lo que estaba escuchando, me sentía impotente, llena de furia por ese falso que me estaba levantando la pseudo nutrióloga. Aquella mujer era una nutrióloga de moda en la ciudad, con quien yo había ido dos semanas antes para que me ayudara con mi alimentación. La primera cita que tuve con ella le conté lo que hacía para no engordar, porque quería dejar de hacerlo, le comenté que me habían recomendado con ella, que seguramente me comprendería, y en ese momento ella externó: "Claro, por supuesto que te entiendo, yo tengo lo mismo que tú" y me mostró unas gotas de diurético que tenía guardadas en el cajón derecho de su escritorio, diciéndome que ella aún las tomaba y que su secretaria acababa de ir a comprarle un laxante de tamarindo para, cuando se pasaba en sus porciones, poder solucionarlo, y lo más importante que me mencionó aquel día: "Nunca se te va a quitar y no podrás tener hijos, eso es la consecuencia de hacer todo esto, pero yo voy a ayudarte". Fui unas dos veces más y después me citó a las seis de la mañana para un grupo de ayuda al que acudía mi amiga que me la había recomendado y que también me había dado la información del psiquiatra. No asistí a la sesión porque no me sentía bien, la noche anterior me había tomado una dosis excesiva de pastillas para adelgazar que me había recetado un endocrinólogo y no había dormido en toda la noche. Al parecer, mi ausencia desató la furia de aquella mujer. Entre sus recomendaciones estaba desayunar cinco fresas y hielo masticado y tomar dos vasos de agua natural antes y después de cada comida.

Después de haberme dicho eso el psiquiatra, y llena de enojo y desilusión, me fui a la oficina de la pseudo nutrióloga para pedirle una explicación: no solamente había defraudado mi confianza, sino que había logrado que el apoyo de mis papás, que pendía de un hilo de araña, finalmente cayera. Hoy estoy segura de que hubiera caído de todos modos. Me bajé de mi coche temblando de nuevo, ahora por una emoción distinta, le dije a su secretaria que me urgía hablar con la nutrióloga. La sala de espera estaba llena: el costo de la consulta era demasiado bajo y, como en toda ciudad pequeña, la voz se había corrido como agua de río. Salió de su privado, se encaminó hacia mí y me tomó del brazo llevándome hasta la cochera para evitar que los demás pacientes escucharan, seguramente había visto la expresión de mi cara y el enojo en mi mirada. Ahí la cuestioné: "¿Qué mentiras le dijiste a mi mamá de mí? ¿Cuándo te ofrecí dinero? ¿Por qué inventaste que te había sobornado? ¿Qué te hice?". Me levantó la blusa beige que llevaba (siempre usaba ropa floja y que me cubriera toda) y soltó: "¡Pues mírate, estás hecha una marrana, tú no tienes bulimia o estarías delgada, y vete como estás! Les estoy evitando ir al psiquiatra que solo les sacará dinero". Gritándole la confronté: "¡No tienes ningún derecho, me tomó años reunir el valor de hablar con ellos y ahora piensan que soy una mentirosa por tu culpa!". Me miró con una risa burlona barriendo con su mirada mi cuerpo y se fue caminando hacia la sala de espera. La seguí. No entendía lo que la había llevado a inventar semejante mentira, yo había confiado en ella y ella había dicho entenderme. Se puso nerviosa al estar rodeada de más pacientes y me dijo ya en otro tono: "Si quieres yo hablo con tu mamá y le explico, le digo que me confundí". Le contesté que no, que gracias, que no necesitaba que lo hiciera y que mi mamá seguramente me creería porque yo era su hija. Por dentro sabía que mi mamá nunca volvería a tocar el tema y yo no tendría derecho de réplica jamás.

Después, siendo ya demasiado tarde, me enteraría de que aquella persona no era nutrióloga y que tenía serios problemas psicológicos. Mi madre no supo esto nunca y no tuvimos la oportunidad ni el valor de tocar el tema de nuevo. Cuando salí de haberme enfrentado a esa mujer, me subí a mi carro y manejé hasta una farmacia en la que siempre compraba mis medicamentos, los recetados por los médicos y los que tomaba para calmar mis culpas. Pedí en el mostrador una navaja para rasurar, eran dos en un paquete pequeño envuelto en un papel rojo delgado con una franja azul, en la que decía la marca. De ahí me dirigí al Tec. El estacionamiento estaba casi vacío. Era un viernes por la tarde, después del último período de exámenes parciales, época en la que todas aquellas instalaciones con fachadas de ladrillo aparente lucían como construcciones fantasmas, silenciosas y vacías. Todavía llevaba en mí la esperanza de encontrar algo o a alguien en aquel lugar para distraer mi mente de ese deseo que me llevaba al abismo.

Lo que más sentía en esos momentos era la puntiaguda espada de la culpa por haber hecho sufrir a mis papás, por hacerlos gastar y por haber hablado de "la ropa sucia que se lava en casa" con mi amiga y que se hubiera enterado también su mamá y eso hiciera que pensaran mal de mis padres. No podía soportarlo. Era una tarde tan gris después de las seis y media, me parecía como si aquellas horas hubieran sido días largos y amargos, como si cada segundo de ese lapso se hubiera extendido una eternidad. En solo cinco horas me había roto en pedazos imposibles de pegar. Golpeé mi cabeza contra el volante para purgar mis culpas, y no fue suficiente, rasguñé mis brazos y mis piernas y el fuego de aquel infierno seguía haciéndome arder el alma. Desenvolví lentamente aquellas navajas para ver si en la lentitud aparecía de nuevo la esperanza y desvanecía mis intenciones, pero eran insoportablemente imparables. Tomé una de ellas y vi mis muñecas como llamándome. "¡Hazlo de una vez!". Y mis delgadas venas lucían más brillantes, como implorando a su filoso verdugo que pondría fin al sufrimiento. Lo visualicé obedeciéndoles hasta dejar mi cuerpo lánguido e inerte, tornándose todo oscuridad. A lo lejos pensé escuchar las voces: "¿Qué hiciste, Blanca?". En medio de sirenas y llantos lacerantes y una sábana blanca cubriendo mi cuerpo pálido y entumecido, me vi intentando gritar y sintiendo frío, vi a mis amigos y yo queriendo hacerles ver que no tenían por qué culparse, que era imposible que lo supieran, que fue mi decisión, que no lloraran; vi a mis padres inconsolables y a mis hermanas llorando frente a un ataúd que llevaba más dolor que alivio. La culpa no se acabaría ahí, tal vez solo cambiaría de depositario. No soportaba verlos sufrir culpabilizándose, imaginar la expresión inefable de sus rostros confundidos y después ver mi cuerpo siendo llevado al crematorio para terminar con un adiós en una copa de cenizas, sin saber si el dolor se habría consumido con el fuego o si se haría eterno.

"No tengas miedo de caer, recuerda que tienes alas", BMS.

CAPÍTULO 11

¡BENDITO DIOS QUE NO CAÍ AL PRECIPICIO!

Después de imaginar todo aquel caos que dejaría y agarrándome de mis creencias y de aquel Jesús que se me había presentado un día en mi cuarto cuando también quería terminarlo todo, no lo hice, no corté mis venas; sin embargo, para calmar la culpa me hice tres cortadas en la parte alta del brazo izquierdo, donde no se vieran, cosa que de alguna extraña forma me alivió el dolor momentáneamente, aunque después me sentí peor.

Ese día le pedí al psiquiatra que les dijera a mis papás que no quería regresar a mi casa y me quedé en casa de mi amiga. Los problemas no terminarían ahí ni los intentos tampoco. ¿Por qué lo deseaba?: no lo sé, pero me seguía doliendo ser yo, no es que no quisiera vivir, sino que el dolor era muy grande e inexplicables las razones. Agradezco a Dios que no reuní las fuerzas ni el odio necesarios para terminar aquel abril con mi existencia, porque me hubiera perdido de muchísimos vínculos de amor, de amigos que he conocido en todos estos años, de un matrimonio estable con un hombre bueno que amo, de mi sueño de ser madre y de conocer a mis tres maravillosos hijos; de aprender, de sanar el alma después de años de paciencia y trabajo desinteresado y cariñoso de mi psiquiatra y mi psicóloga. No hubiera vivido los coloridos y alegres festivales infantiles del jardín de niños de mis hijos, ni sus logros y sus tropiezos de adolescentes. Aunque me ha costado levantarme y ponerme nuevamente de pie, con todo el apoyo que he contado lo he podido hacer y he llegado hasta donde hoy me encuentro. Descubriendo que me gusta escribir, he podido componer canciones que conectan con los sentimientos de otras personas. Me hubiera perdido de pintar cuadros, comprar el terreno de al lado gracias a mi cuñado y a mi esposo, y tener un jardín. He trabajado y logrado cosas, he descubierto lo mucho que disfruto cocinar para las personas que quiero. He visto la mano de Dios sostenerme y mandarme ángeles en la Tierra en forma de amigas que me acompañan y que me quieren como yo a ellas. He pasado momentos de risas y añoranzas inolvidables al lado de mis hermanas. He podido acompañar a mis padres mientras se hacen mayores y verlos ser abuelos amorosos con mis hijos. Ha valido la pena. He crecido mi círculo de amor y quiero seguir sumando experiencias y lazos. María me ha mostrado su protección. He viajado y conocido lugares nuevos, castillos surrealistas. He descendido y vuelto a subir de una cascada. Me he metido a la playa. He recorrido miles de kilómetros de carretera con mi familia. He nadado con mantarrayas. Conocí Europa ese mismo año de aquel abril y, en el viaje, a una nueva y entrañable amiga que perdura hasta el día de hoy. No sé qué siga en mi vida, pero sí sé que después de aquel día en el estacionamiento vacío del Tec he vivido todavía mucho que tengo por contar. He aprendido a pedir ayuda y me he tenido que esforzar por dejar la soberbia e intentar ser humilde para aceptarla; he cantado en cientos de misas acompañando en momentos de alegría y en otros de dolor. He tenido la experiencia de vivir lejos de mi esposo y he valorado lo mucho que me gusta compartir mi vida con él y lo hermoso y cálido que son los reencuentros. ¡Bendito Dios que no caí al precipicio y estoy viva! Con todo y las caídas tengo ganas de más vida.

"Dejó de buscar porque se dio cuenta de que todo lo que necesitaba encontrar lo llevaba puesto", BMS.

CAPÍTULO 12

SUEÑOS CUMPLIDOS

Era un 13 de junio del año 1998. Desperté de una noche mal dormida por la ilusión y las mariposas que no dejaban de mover sus alas en mi cuerpo. La comida no me entraba de la emoción. Había llegado el día que había soñado desde niña: finalmente, iba a vivir con él, tendría mi casa con una chimenea decorada a mi gusto, con la sala que habíamos comprado a plazos hacía meses y la mesa que él había diseñado con unos troncos de madera, herrería y cristal. Ese día al mediodía, antes de salir de mi casa para ir a que me peinaran y maquillaran para el gran día, una pequeña y alegre ave entró a la cocina, dio unas vueltas y salió por la puerta que daba al jardín; yo sentí que aquella ave llevaba un mensaje divino de lo especial que sería mi vida compartida con él, la nueva vida que empezábamos de la mano de Dios y de María, que esperábamos fuera fuerte como la cuerda de los tres hilos llenos de sueños bordados de plata.

El maquillaje y peinado estuvieron listos en punto de las cuatro de la tarde, la cita para las fotos era a las cinco, en la antesala del salón Baalbek, donde sería la recepción. Aquel lugar era todo blanco, los pisos de mármol de plancha ancha con algunas figuras en mármol negro, que remataban el recuadro de triple altura; las paredes labradas estilo árabe me recordaban a los palacios moros del sur de España. Así de alegre y benévola era mi mirada ese día. La puerta de entrada al salón era muy grande, de dos pesadas hojas de caoba sólida exquisitamente labradas. Los toques en color jade daban muy bien con la tonalidad verde tenue de mi ramo y mi tocado hecho con flores de cera. Mi velo, de doble ancho, ribeteado por un listón ancho satinado. El talle terminaba en una franja de tira bordada y el faldón tenía una hermosa caída que iba adornada por tres cintas de seda bordada. Me sentía como en un cuento.

De Gustavo, me grabé su expresión cuando llegó por mí para las fotos. Me sentí dentro de una película cuando bajaba de la escalera tomada del barandal de madera, al lado los arcos y él esperándome en el recibidor a un costado de ese mueble que hoy conservo en mi sala, una consola de madera de raíz. El asombro en sus ojos sigue en mi memoria: parpadeaba evitando las lágrimas, pero le ganó el sentimiento.

Mi primo manejó el carro y llegamos al templo del Carmen. Ya estaba toda la familia esperando y el padre, un sacerdote con una personalidad muy especial, muy espiritual, de Guadalajara, amigo de la familia que me decía japonesita y me conoció desde los siete años. Nos acomodamos para la entrada a la iglesia entramos con el "Canon" de Pachelbel. Me sentía flotando entre algodones. Estaban todas las personas importantes para mí, no faltaba ninguna. Los retablos del templo lucían hermosos, los acababan de retocar con hoja de oro. Los candiles, límpidos. Ahí me di cuenta de cómo no solamente vemos con los ojos físicos, es la mirada del alma la que percibe todo más hermoso o terriblemente feo. Yo contemplaba todo desde la alegría y el agradecimiento de tener en mi vida a aquel hombre de mi cita a ciegas, de poder compartir todo con él, de haberlo conocido. Todo lo chueco que parecían antes mis caminos, había valido la pena, había valido cada paso, cada decisión por haberlo encontrado y además sentirme correspondida. Gustavo, un ser humano sensible, sencillo y divertido que, además y por sobre todo, me hacía sentir aceptada, amada, admirada.

No sabíamos qué vendría después del sí, pero sí lo que había sido antes. Caminamos hasta ese altar gracias a la esperanza, sí, la esperanza de poder ser buenos compañeros de vida el uno para el otro, de mantenernos juntos en las adversidades, de celebrar aniversarios, nacimientos y sobre todo de tener un amor que perdure, a pesar de los cambios de la vida y del transcurrir imparable del tiempo.

El padre nos pasó al altar para decir los votos matrimoniales de cara a los testigos que minuciosamente habíamos seleccionado en nuestra lista. Yo desconocía que había una mano correcta para llevar la argolla, por lo que se la coloqué en la derecha; no obstante, eso no cambia nada aquella alianza.

Al salir de la iglesia, el mariachi que mi mamá había contratado de sorpresa nos esperaba tocando la canción de Agustín Lara: "Solamente una vez". Los abrazos, mi sonrisa, que no podía disimular todo lo que sentía por dentro, y los globos en la plaza del Carmen adornaban de pintorescos colores aquella noche de san Antonio de Padua, el patrono de los enamorados. Amé aquel día y amo lo que hoy es nuestro camino y nuestra vida juntos.

Salimos del Baalbek al amanecer, acechados por las pícaras insinuaciones de algunos parientes, y nos subimos al auto; no sentía el cansancio de haber bailado y cantado toda la noche sin parar, la adrenalina de estar con él le ganaba a cualquier otro estado físico, e intuyo que él estaba igual.

Llegamos al hotel, que reservamos para que nuestra noche de bodas (que terminó siendo amanecer) fuera muy especial. Nos dieron la llave, una pesada pieza de fierro estilo antiguo. Las bóvedas y cúpulas de aquel hotel se veían aún más elevadas y perfectas. Habitación 333 en el tercer piso. Mi corazón latía acelerado, las mariposas en mi cuerpo se sentían aún más que la noche anterior, mis manos sudaban frío; estaba con él en un hotel y con permiso de Dios y de todos dormiríamos en el mismo cuarto y lo demás también sucedería. Tantos mitos y leyendas alrededor de la noche de bodas hacían que mis nervios hirvieran como en olla de presión.

Entramos en aquel cuarto, era hermoso, con muebles estilo virreinal; su techo, en bóveda de ladrillo, con decoraciones de oro de hoja. Olía a madera. Las cortinas. color verde esmeralda. Tulipanes en los floreros. Recuerdo que dividía la sala del área de la cama una barda con acabados de cedro blanco agrietado. Gustavo me abrazó, me quitó los aretes y los puso sobre aquella mesa de madera clara, su ternura y su forma cuidadosa de tratarme se llevaron mis miedos y me entregué a aquel momento que no olvidaré nunca, fue real, tranquilo y completamente de novatos, y por eso, especial, y tiene un trono de inocente cristal transparente en mi memoria. Nos abrazamos hasta quedarnos profundamente dormidos.

Cuando desperté no podía abrir los ojos, estaban muy inflamados, el maquillaje me hizo alergia, así que camino a la ciudad de México, tuvimos que detenernos en el hospital por una inyección; nos paramos a comer en un restaurante en la carretera y me di cuenta de que había olvidado mi bolsa en la sala de urgencias del hospital; nos regresamos por ella y se hizo algo tarde. Nuestra luna de miel incluyó destinos como Acapulco, Taxco, Michoacán, Puebla. Estuvo un poco accidentada nuestra vida romántica en la luna de miel, pues me enfermé, de cualquier manera, la pasamos excelentemente bien. Un año después haríamos un viaje a Cancún para una segunda luna de miel, ya un poco menos inexpertos.

A los pocos meses de casados nos llegó la noticia de que estábamos esperando a nuestra primera bebé, la historia fue corta y la narro en otro capítulo, una experiencia linda al principio y dolorosa al final, pero de igual manera muy enriquecedora como matrimonio. Tuvimos otros cambios de casa. La Virgen de Schoenstatt ha estado presente en nuestra vida desde que Gustavo y yo éramos novios, a ella encomendamos nuestro matrimonio y después de nuestra primera bebé y de un embarazo en el que solamente se formó la bolsa sin haber bebé, una amiga que hoy comparte conmigo en el coro y a quien quiero mucho, que también había pasado por experiencias fuertes antes de tener a su primera niña, me dijo: "Pídele tu bebé a la Virgen y dile tal como la quieres, descríbela".

Un día decidimos ir al Santuario de Querétaro a pedir a la Virgen, pero nuestros planes cambiaron por un favor que nos pidió una de mis hermanas y nos tuvimos que ir a Guadalajara; de salida, en la gasolinera, estaba una ermita dedicada a la Virgen de Schoenstatt y entramos a pedirle una niña que fuera muy risueña y platicadora. Era el mes de agosto del año 2000 y a principios de octubre nos enteramos de que venía un bebé en camino.

Nuestro médico, a quien queremos mucho y quien me conoció de niña, fue muy cuidadoso y me tuvo en reposo los primeros meses. Una niña, la llamamos María Paula nació un 29 de mayo del 2001. El cuadro de la Virgen que hoy se encuentra en el Santuario, nos tocaba recibirlo en esa fecha en casa. Como aún no había terminado la construcción, nos lo llevaron al hospital y estuvo para recibir a nuestra pequeña, quien, efectivamente, desde los dos meses se carcajeaba y desde que aprendió a hablar platica hasta con el comal. Estoy muy orgullosa de ella. Como toda primogénita, le tocó lidiar con los papás novatos, ser bañada con agua de garrafón y además hervida, los permisos más restringidos que para los otros hijos, entre otras cosas de padres primerizos.

Nuestro segundo hijo llegó el 3 de junio del 2004, un niño hermoso de ojos grandes y pestañas largas, muy tierno, juguetón y de corazón noble. José Andrés llegó con un reto de salud en su pie izquierdo, que ya está solucionado y que lo fortaleció. Hoy en día que escribo, es el más alto de nuestra familia de cinco y le gusta trabajar, es muy leal, me apoya y me alegra mis momentos. Agradezco mucho que es un nieto cercano y paciente con mi papá. También a él se lo pedí a la Virgen y es exactamente y más de lo que me imaginé.

Mi Cominito —como le digo porque vino a darle sabor a la familia— llegó un 21 de mayo del 2007, mi María Clara, una niña muy pequeña, pero de espíritu grande y con gran tesón. De bebé se caracterizaba por su naricita, que se perdía en sus cachetes, y su seriedad, una niña muy formal y con temple de acero que me enseña todos los días y que me trae a raya con la puntualidad y el cumplimiento, es muy puntual y responsable en lo que le gusta. Los días más felices de mi vida no han sido únicamente la boda y los nacimientos de mis hijos, sino todo lo que he vivido con ellos: fiestas, festivales, gripas, competencias, natación, viajes, todo. Revivir cada momento y verlos crecer y tomar sus propias decisiones es lo mejor. Cada día hay algo nuevo en cada uno de ellos y cada uno me enseña. Y como en la mayoría de las familias, no solamente sacan lo mejor de mí, también con ellos he enseñado mi lado gritón y desesperado e impaciente. Ahora que escribo esto y en medio de una pandemia, los lazos se han fortalecido todavía más entre los cinco. Amo a mi familia, son mi hermoso lugar del mediodía.

"No necesité verte para conocerte y tampoco necesité tocarte para amarte profundamente", BMS.

CAPÍTULO 13

MI MARÍA, MI ROSA ROSA

Antes de cumplir seis meses de casados, estando en el cine con Gustavo, sentí un raro antojo de comer carne cruda. Saliendo fuimos a un restaurante japonés por un sashimi para llevar, que finalmente ni siquiera me comí. Esto y otros síntomas me hicieron pensar en la posibilidad de un embarazo. Fui a hacerme la prueba y mi amiga Lucy me acompañó por los resultados, que dieron positivo. Lo que sentí fue una emoción tan grande que me hizo dar un brinco y me fui a buscar la manera de darle la noticia a Gustavo. Estábamos felices, compartimos la noticia con nuestras familias y empezaron las náuseas típicas en todos mis embarazos. A los pocos meses recibimos una noticia, sin duda de las más dolorosas experiencias de mi vida. Más de veinte años después, en el mes de octubre, una noche anterior a la celebración del Día de los Bebés No Nacidos, soñé con mi niña; no la vi, pero la sentí en mi sueño y me llenaba una mesa grande de rosas de color rosa, entonces decidí escribirle una carta con mi experiencia de haber sido elegida para ser su mamá en su corta estancia en el mundo.

Mi hermosa y pequeña María, en el amor no hay tiempo, y después de tantos años has aparecido de nuevo en mis sueños en forma de rosas de color rosa. Tan pura, tan preciosa, eres solamente amor toda tú, amada en tu diminuta grandeza, en tus pocos centímetros llenos de significado. Volviste demasiado pronto al corazón de Dios. Cómo me dolió soltarte, dejarte ir. Qué duro saber que tu pequeñísimo corazón no latía más, sin duda lo más triste que he escuchado. Recuerdo ver tu pequeño cuerpecito en la pantalla. Habías cumplido lo que viniste a hacer en mi vida y en la de tu papá, que también te despidió con lágrimas que no pudo contener al escuchar las palabras un tanto frías del médico especialista en ultrasonidos, que no era nuestro doctor porque nuestro ginecólogo, por la relación de cariño que había, no tuvo la fuerza para darnos la noticia, aquellas palabras fueron: "Ascitis, perforación en el pulmón" y lo que sacudió nuestros corazones: "Y no hay latido. Su doctor les dirá qué hacer".

Las lágrimas no tardaron ni un segundo en convertirse en un río de dolor por saber que no tenías ya vida, que nunca conocería tu carita que había imaginado y que mi vientre acunaba ahora un cuerpecito inerte. Caminamos el pasillo de regreso al consultorio, donde se nos darían instrucciones de los pasos a seguir, como un simple procedimiento rutinario; sin embargo, a mí me parecía tan lleno de oscuridad, sentía el frío de los consultorios y mis oídos se negaban a oír, quería que hubiera sido un mal sueño. Nuestro doctor, que se mostraba muy empático y conmovido, con su voz mostrando mucha compasión nos explicó lo que seguía y preguntó: "¿Cuándo quieren que se realice el legrado?". Yo quería gritar: "¡Nunca, no me dejen sin mi niña! ¡No quiero pasar por esto, por favor despiértenme!". Ya sabíamos que eras una niña y que al parecer tenías un síndrome llamado Turner, que es una malformación congénita que se da por razones aún desconocidas por la ciencia, y que consiste en que uno de tus cromosomas X no se formó bien y eso provocaba que trajeras demasiadas complicaciones de salud.

Mi pequeña, mi rosa rosa.

Saliendo del consultorio, tu papá, sin que yo se lo pidiera, manejó hasta la iglesia y nos arrodillamos frente al Cristo. Recuerdo haber cerrado los ojos y visualizar a Jesús bajando de la cruz a tomarte en sus brazos y agradecí por ti, allí tu papá y yo decidimos llamarte María. Mi dolor era tan fuerte, sentía que se me cortaba la respiración, pero estando en ese lugar y viendo a María mi madre, tuve un poco de paz, aunque la tristeza no se fuera. Al día siguiente te arrancarían de mí sin haber podido conocer tu carita.

El día se llegó, después de una noche de haber llorado cada minuto. Algunas personas que queremos mucho fueron a acompañarnos. El anestesiólogo me preguntó: "No dormiste nada, ¿verdad, hija?". Creo que ya sabía la respuesta, pero me hizo una caricia en la frente que me pareció tan comprensiva, fue un poco el darme el permiso de sentir ese dolor. Su sensibilidad contrastaba con la insensibilidad del hospital, en el que me dieron una cama en la sala de labor, donde otras mamás llegarían para esperar el momento de conocer a sus bebés y a mí me tocaba aceptar que eso no sucedería para mí esa vez. Yo trataba de estar tranquila, de evitar que salieran las lágrimas, me sentía sin derecho de llorarte si nunca te había tenido en mis brazos y eras alguien tan pequeñito. Tu papá solamente pudo entrar un rato mientras llegaba la otra paciente que iba a dar a luz, pero una señora, a quien quiero mucho y que las enfermeras respetaban y conocían muy bien por ser instrumentista de varios cirujanos, entró simplemente a estar conmigo para acompañarme y distraerme un poco. Esos detalles nunca los olvidaré, aunque ya hace mucho que no la veo. En ese rato ya no lloraba, el cansancio me había ganado y me sentía desconectada.

Cuando terminó el "procedimiento" me sentía devastada, quería que fuera una pesadilla, le pedía a la enfermera que me despertara que era un mal sueño y que no podía respirar. A mi mente vienen mis palabras: "Es mi bebé, no me importa su tamañito, no me importa que esté mal, yo la amo y *la quiero conmigo". Me dejaron un día hospitalizada para monitorearme, pero sobre todo porque me vieron tan destrozada que querían darme de alta estando más tranquila y descansada.*

Mi María, mi niña, contigo me habían arrancado el corazón, te amaba y te amo tanto. Me sentía tan culpable de llorar que mi respuesta fue la que tenía más conocida: deprimirme, desconectarme.

Cuando salimos del hospital, mi vida había cambiado, no solamente te habías ido y contigo muchos planes y sueños y el inmenso deseo de conocerte, sino que además nos mudamos de una casa linda a una en la que yo no quería vivir y a la que veía más sombría desde los ojos de la pérdida y del dolor. Todavía no nos llevaban la cama, así que dormimos en un colchón en el piso, estábamos agotados. Nuestros amigos fueron muy importantes en esos días. Recibí un ramo de rosas rosas que me enviaron las amigas de mi mamá y que hoy después de mi sueño y a pesar de los años toma mucho significado.

Mi niña, mi María, mi diminuta grandeza, mi rosa, hoy después de más de veinte años —al momento de escribir esto—, te veo y te siento tan real, de verdad estuviste en mi vida y sigues estando desde otro lugar, en otro espacio y agradezco tu corta presencia y me uno a las madres que han perdido hijos por abortos espontáneos o que mueren en el vientre y no alcanzaron a arrullar. Está bien sentir el dolor, llorarlo y trascenderlo, no importa que no hayan tenido a sus hijos en los brazos, esos brazos y esas ganas de acunarlo se quedan vacíos y está bien sentirlo. Cierren sus oídos a los comentarios huecos como "pero están jóvenes", "vendrán más", "¡qué bueno que llevaban poco!". Cuando duele, duele, no dejan de ser hijos por no haber visto sus caritas ni tampoco dejan nuestra vida igual al haberse ido, la dejan más llena de experiencia de haber tocado con el alma y con el ser a un hijo que físicamente nunca pudimos ver. Eso es lo que me enseñaste, mi amada María, que el amor no es físico, que existe otro lugar desde el que abrazamos y en el que amamos desde lo más profundo e inexplicable, aunque no podamos dibujarle un rostro o tocarle.

Infinitas gracias, mi niña, sé con toda la certeza que un día nos encontraremos de nuevo en el corazón de Dios.

Te ama por siempre

tu mamá

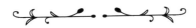

"Esta piel que visto me queda bien, fue hecha a mi medida, es mi mejor color, mi traje de etiqueta, mi talla correcta y mi armadura fiel", BMS.

CAPÍTULO 14

BYPASS GÁSTRICO

La manera en que llegó a mí el regalo de vida en la forma de cirugía de *bypass* gástrico me habla de los caminos de Dios y de cómo se van tejiendo las historias sabiamente cuando uno suelta. En uno de mis episodios de depresión mayor, conocí a una señora terapeuta de *thetahealing*. Desde el primer día en su consultorio, le pedí a Dios que me ayudara a poner una solución más definitiva a mi problema de obesidad: ya había intentado muchas dietas y dos veces me habían colocado el balón gástrico, y no había logrado los resultados esperados. Me sentía tan cansada de aquel camino de restricciones y dietas que comenzó a los trece años.

Desde que tuve a mis hijos decidí que no quería contaminarlos con mis hábitos de dietas y no mencionaba la palabra ni hacía alusión al peso, intenté no satanizar ningún alimento, a pesar de que en mi mente todos estaban prohibidos. Yo seguí asistiendo a mis sesiones de *thetahealing* y continué con mis terapeutas, que me han apoyado por mucho tiempo. También fui con un señor que trabajaba con el péndulo. Lo que fuera hacía, buscaba sentirme mejor. Un día mi madre me dijo que mi padre quería hablar conmigo; yo intuía que era acerca de mi sobrepeso, a pesar de que habían pasado muchos años de que mi papá habló conmigo respecto a eso: la última vez fue antes de mi viaje a Europa, cuando me propuso que si quería dinero para irme al viaje firmara un contrato con él. Después de varios días de estar escapándome de un encuentro con él, me decidí ir a su casa. Antes de que empezara a hablar me adelanté: "Ya sé que vas a decirme que estoy muy gorda, y ya no quiero que digas nada, ya estoy con una nutrióloga haciendo algo por mi salud".

Cuando fui a hablar con mi padre, mi peso ya había alcanzado los cien kilogramos, a diferencia de cuando firmé mi contrato con él muchos años antes, momento en que pesaba 65 kilos. Me pidió que me callara y me dijo: "Yo sé que Gustavo ya gastó mucho en tus tratamientos con el balón gástrico y quiero decirte que supe de una cirugía y te la quiero regalar, solamente busca dónde y con quién y me dices cuánto". Detrás de esa propuesta estuvo mi hermana cuatro años menor que yo: una amiga suya se había hecho la cirugía de *bypass* gástrico y le había ido muy bien, y ella sabía lo que yo sufría por estar gorda. Ese día que hablé con mi padre, yo no estaba muy abierta, aun así, consideré la posibilidad; tenía que comentarlo primero con Gustavo y digerir semejante oferta. De alguna manera, sentí la propuesta como una respuesta a mi petición a Jesús en mis sesiones de *thetahealing*.

Hablé con Gustavo y no mostró aprobación, argumentando que era riesgo una cirugía y que tenía que haber otra manera. El primer médico al que le consultamos me dijo que estaba muy joven, que a mis treinta y seis años podía buscar otra solución; para él, yo estaba matando una mosca con un trascabo. Además, esa cirugía requería de mucha disciplina para no caer en el otro extremo, que sería la desnutrición. Al finalizar la consulta, me dio un calendario y me dijo que, si lograba disciplinarme un mes con ejercicio y dieta, regresara para que habláramos de la posibilidad de operarme.

Gustavo encontró un apoyo a su idea en el doctor. Yo no me quedé con esa única opinión y acudí a una consulta con un cirujano gastroenterólogo compañero de Gustavo y esposo de la pediatra de mis hijos, con quien al pasar de los años se había hecho una amistad. Después de revisarme, hacer mi historial clínico y pesarme, me dijo que sí era candidata a la cirugía. Regresé con mi papá para hablarle del presupuesto y empecé un largo camino de muchos estudios por ser una cirugía de alto riesgo, considerando mi problema de obesidad.

La vereda que tuve que recorrer era pedregosa y angosta. Gustavo seguía sin estar de acuerdo y dos de mis mejores amigas también me hablaron abiertamente de su desacuerdo. Viene a mi memoria la plática que tuve con mis amigas en el auto: "Blanca, es que recapacita, ve cómo le fue a Natalia; tienes que intentar otros caminos". Mi respuesta fue: "Ustedes no entienden porque nunca han tenido el peso que yo tengo, tampoco van a entender mi necesidad de sentirme bonita y atractiva porque ustedes siempre lo han sido". Ya no me respondieron nada, pero por su actitud comprendí que seguían sin aprobarlo. Esto era una piedra que tenía que brincar, ya que en esa época todavía necesitaba la aprobación externa para validar mis decisiones. Hablé con mi psicóloga y mi psiquiatra y apoyaron mi decisión, me dijeron que iban a estar para acompañarme en el camino.

Continué con todos los trámites para la cirugía. Gustavo me dijo que yo sabía que él no concordaba con mi decisión y que también sabía que él estaría conmigo a pesar de discrepar frente el procedimiento, y así fue, como tantas veces, mi amigo amor, mi compañero, estuvo a mi lado y me apoyó. Las personas que más necesitaba cerca para la cirugía estaban para mí y eso lo agradeceré toda la vida. Mis amigas también estuvieron finalmente. Empecé un diario contando un poco cómo me sentía.

Ya faltan solamente diez días, tengo mucha emoción y no puedo creer lo que está por suceder, el miedo va y viene... (14 de julio, 2010)

Estoy en manos de Dios yo voy a poner lo máximo que pueda...

Trato de estar consciente de todo lo que va a requerir de esfuerzo y de renuncia este cambio, de mentalizarme para tener un cambio de actitud frente a mí misma, que va a requerir toda mi voluntad...

Sé que somos historia por hacer, es tan grande mi ilusión que no creo poder dimensionar desde esta mirada todo lo que tendré que hacer...

Estos días he estado pensando en escribir un libro, porque no encuentro literatura con la que conecte que hable sobre cómo nos sentimos viviendo en un cuerpo de talla extra. Aunque mi problema físico real es de unos diez años atrás, en mi mente he sido obesa desde hace más de veinte...

Hoy recibí respuesta al email de Martha.; por lo que leí, ella desearía que yo tomara otra decisión, pero ya está tomada, espero confíe en que yo podré con esto... (17 de julio, 2010)

Hoy Gustavo me tomó las fotos del antes... (20 de julio, 2010)

Ya faltan cuatro horas para internarme, estoy algo nerviosa... (23 de julio, 2010)

Ya se llegó el día de la cirugía, esto es drástico y desconocido para mí. Dios mío, ayúdame; María, no sueltes mi mano, tengo miedo. Ofrezco esto por mi esposo y por mis hijos, para estar en salud mucho tiempo compartiendo a su lado. No hagas caso de las veces que he dicho que quiero desaparecer, quiero vivir y estar sana... (24 de julio, 2010)

La cirugía fue un éxito, el médico que iba a estar a cargo y que vendría de México para operar, apoyado por el cirujano de San Luis, no pudo venir, en su lugar vino otro, quien me dio instrucciones, intervino y me dejó a cargo de mi doctor. Era todo un equipo. El anestesiólogo, un especialista muy querido por mí, un endocrinólogo y mi nutrióloga, quien todavía le da seguimiento a mi estado nutricional; ah, y, por supuesto, mi psicóloga y mi psiquiatra.

Fue un procedimiento doloroso. Cuando desperté de la anestesia, sentía como si algo me quemara por debajo de la piel del abdomen, pero fue pasando. Me levantaron a caminar al día siguiente y únicamente estaba con suero y una onza de agua que tenía que dosificar a lo largo de veinte minutos. El segundo día en el hospital, recibí una llamada de mi madre, presentía que iba a decirme que algo se le había complicado y no iba a poder estar: no me equivoqué, al otro lado del teléfono la escuché decirme que quisiera estar conmigo, pero que mi hermana dos años mayor le había llamado desde San Diego para decirle que había tenido un problema fuerte con su esposo, así que mi madre tenía que ir a acompañarla y apoyarla; añadió que, de cualquier manera, yo tenía a Gustavo y que mi nana también estaba en San Luis, así que podía estar conmigo. No entendí por qué a mis treinta y seis años y después de muchos internamientos, seguía sintiéndome abandonada cuando ella me decía que no podía acompañarme en el hospital. No sé si además la anestesia me tenía con el ánimo apagado o si nada más fue la tristeza o la remembranza de otras situaciones similares que viví en las que no estuvo para mí, le hablé a mi psicóloga, mi pilar, que una vez más me sostuvo; fue al hospital muy temprano a verme y a darme su apoyo y cariño, eso me ayudó mucho. Mi alma lloró. La culpa por sentir la tristeza apareció como la protagonista en esta escena de mi vida. Por dentro, lo que quería decirle a mi madre era: "Por favor, no te vayas, que vaya alguien más a ayudarle, quédate a mi lado". No me atreví, no podía forzar las cosas. Ahora, cuando he estado internada por alguna otra razón, prefiero que no esté.

Unos días después de haber salido del hospital, tenía que ir al doctor y una de mis mejores amigas, mi comadre, madrina de mi hija mayor, fue por mí para llevarme. En mi casa recibí la visita de mi terapeuta de *thetahealing*, con un lindo ramo de flores y con una mirada que fue como si me pusieran bálsamo en mi herida. Mi nana se iba en las mañanas a ayudarme con lo que necesitara y Gustavo me dio todo su apoyo. La dieta fue dura en apariencia, sin embargo, era tan grande mi ilusión, que se me hizo fácil llevarla. Continué escribiendo en mi diario.

> *Ya pasó una semana de la cirugía, ahora sé por qué nadie escribe los primeros días… (31 de julio, 2010)*
>
> *El lunes en la mañana me dio una crisis y dije: "Dios mío, ¿qué hice? Mi psicóloga, mi pilar, fue a acompañarme y pasó la crisis…".*
>
> *El miércoles vino Sarita, mi terapeuta de* thetahealing *y me relajé muy a gusto, es una persona muy linda y su mirada maternal me dio paz…*
>
> *Hoy volví a manejar, me siento un poco débil, pero trato de tomar la vida con calma y hacer las pausas que necesito… (2 de agosto, 2010)*
>
> *Ya no había escrito porque aquí están mis hermanas y no he tenido tiempo, pero hoy cumplo dieciocho días de dieta líquida, bueno, hubo tres días, el de la cirugía y dos más, que no pude tomar ni agua… (9 de agosto, 2010)*
>
> *Mi recuperación ha sido rápida. Gracias a Dios, yo sigo caminando de su mano…*

Ir viendo mis tallas reducir me motivaba. Empecé a comprarme ropa y a arreglarme. Notaba cómo las medidas cambiaban rápidamente. Cuando menos lo esperé ya no tenía que irme al departamento de tallas extras. Me sentía contenta. Las personas notaban mis cambios y me felicitaban. Mi estado de ánimo variaba y mis relaciones sociales estaban algo diferentes: de alguna manera, las personas sabían convivir con la Blanca gorda y la que se sentía gorda, no con la que se iba sintiendo conquistadora de su propio camino y de su voluntad.

Escribir me ayuda, además de que así queda lo que voy sintiendo en este proceso... (4 de diciembre, 2010)

Me siento algo triste cuando pienso en mis amigas, no saben mucho de este proceso y es algo que les cuesta entender, me siento diferente con ellas...

Una de mis amigas me dijo que use crema para las arrugas porque empiezan a notarse en mi rostro con la pérdida de peso, era algo que no había notado, pero ahora cada vez que me veo al espejo me siento arrugada y me preocupa...

Empiezo a conocer mis gustos con respecto a mi forma de vestir, ya no uso solamente lo que me queda, sino lo que me gusta...

Quiero mucho a Gustavo, su cara de emoción cuando me ve arreglada y contenta...

El proceso de pérdida de peso continuó, en la ropa se notaba. Mi cabello empezó a caerse notablemente. Me dieron zinc para evitar que se cayera tanto. No me preocupaba, porque siempre he tenido mucho cabello. Llegué a los cincuenta y cuatro kilos, talla 2; sin embargo, yo me sentía todavía con sobrepeso, quería continuar bajando. Me pesaba todos los días. Mi nutrióloga me pidió no pesarme y me dijo que necesitaba detener la pérdida de peso. Nuevamente, me envolví con mis pensamientos de gorda: el espejo no me reflejaba la talla, tuve que trabajar mi imagen corporal en terapia y llevar mi pantalón talla 40 para dibujar sobre él el tamaño de mi nuevo pantalón.

El *bypass* no iba a hacer todo el trabajo, tenía que empeñarme en mi cambio de pensamiento y eso me ha costado muchos años, más que el tiempo que me llevó la pérdida de peso. Hoy que escribo esto no peso cincuenta y cuatro, no sé cuánto peso, porque evito la báscula; cuando voy con mi nutrióloga me pesa volteando a otro lado. Pero sé mi talla de pantalón, es 6, y de blusa: en algunas soy chica y en otras soy mediana. Lo escribo porque no lo creo, mi cabeza me confunde y siento, cuando digo esto, que quienes me vean dirán que soy una mentirosa, que no puedo ser esa talla. Ese pensamiento no es lógico ni real y, aunque parezca locura, me cuesta creerme a mí misma lo que es la realidad.

Con los años y por el miedo a engordar, dejé de tomarme los suplementos y las vitaminas. Entre el 2013 y el 2016, también abandoné mis citas con la nutrióloga. Mi salud se deterioró, pasé por una neuropatía en la pierna izquierda por falta de vitaminas, ya que el *bypass* gástrico incluye falta de absorción de nutrientes, en especial de los liposolubles. Me sentía muy cansada y no tenía que ver simplemente con todas las actividades que tenía en los colegios de mis hijos. Finalmente, fui con la nutrióloga de nuevo a petición de Gustavo, mis niveles de hemoglobina estaban muy bajos, el hierro estaba peligrosamente disminuido y tenía leucopenia (glóbulos blancos bajos), lo que me hacía vulnerable frente a las enfermedades. Intentaron que subieran los niveles con vitaminas y con hierro intravenoso, pero no sucedió. Después de una histerectomía y con varias ampolletas de hierro intravenoso, recuperé los niveles.

Hoy que escribo esto, mi imagen todavía me cuesta, pero estoy aprendiendo a verme en las fotos y en el espejo y a que me guste la sonrisa que se dibuja en mi cara cuando estoy compartiendo con las personas que quiero. Un viaje que hicimos con un grupo de amigos muy queridos en diciembre 2020 a un rancho en la Huasteca Potosina me ayudó a liberarme mucho del juez que llevo en mi cabeza, con respecto al peso, y pude bailar y verme sonriendo feliz en las fotos. Un cambio físico puede llevar a un cambio interior profundo, pero se requiere voltear a ver tu interior y abrazarte con todo lo que eres, reconocer que tu cuerpo es un medio para disfrutar de las experiencias de vida y desde la aceptación darle amor y agradecimiento por todo lo que te permite experimentar.

A lo largo de mi camino con el *bypass* gástrico varias personas (no pocas) se han acercado a mí para preguntarme acerca de mi experiencia. No resulta fácil dar mi punto de vista. Es complicado entender que necesité modificar quirúrgicamente uno de los aparatos más importantes que tenemos los seres humanos: el digestivo. Sí, mi cuerpo quedó distinto por dentro y aún no se sabe a ciencia cierta acerca de todas las secuelas que trae consigo la cirugía. Es triste y muy duro pensar que la realidad es que no lo hacemos por salud; en la mayoría de los casos es por la exigencia que sentimos socialmente de estar en un cuerpo delgado, lo hacemos pensando en deshacernos del sufrimiento que se nos impone por vivir en un cuerpo grande. Para mí, no voy a negarlo, fue una buena opción en su momento porque me sentía desesperada y no sé lo que hubiera sucedido si no hubiera tomado la decisión de hacerme la cirugía. Sin embargo, me ha costado y sigo luchando con mi cuerpo y con aceptarlo y abrazarlo como es, con sus "imperfecciones", que no son en realidad eso, sino que son parte de una diversidad, al igual que existen distintas estaturas, diferentes colores de piel, formas de manos, número de calzado: la diversidad corporal existe. El odio hacia mi cuerpo se gestó desde mis primeros años de vida. Tal vez el haber visto la comida como algo que hacía daño, quizá tantas dietas que vi hacer a mi madre, el compararme con el cuerpo espigado de mi hermana, no lo sé. ¿Me arrepiento de haberme hecho el *bypass* gástrico? Mentiría si dijera que sí. No me arrepiento porque en ese momento para mí no había otra salida. Pero ojalá nadie se viera empujado por la sociedad a hacerlo. Trae otras consecuencias de salud y muchas de ellas aún las desconocen los médicos. Ojalá hubiera aprendido desde pequeña a amarme y aceptarme en cualquier talla, a moverme por gusto con ejercicio y no por tener que bajar de peso, a comer cuando sentía hambre y no a ingerir indiscriminadamente alimentos pensando en que después no lo iba a poder hacer por la restricción.

Hoy estoy aprendiendo sobre alimentación intuitiva y es la manera en que he enseñado a mis hijos, sin satanizar ningún alimento. También me encuentro haciendo un diplomado en liberación corporal. Todo esto me ha ayudado y me ha llevado a aprender acerca de mí misma y deseo poder apoyar a más personas que se sienten atrapadas en su cuerpo como yo.

"Cuando el miedo llegue, permite que la esperanza lo reciba y que tu voluntad se encargue", BMS.

CAPÍTULO 15

DEPRESIÓN MAYOR

En este capítulo están algunos escritos de los momentos de depresión más fuertes que he vivido. ¿Cómo he salido de ellos?: pidiendo ayuda, a pesar de no querer hacerlo, forzándome a mandarle un mensaje a mi psicóloga o a mi psiquiatra, a mi esposo, a alguna amiga, y pidiendo esperanza.

¿A DÓNDE FUE LA ESPERANZA?

GRACIAS, GRACIAS, GRACIAS. Es como comienzo cada mañana mis páginas matutinas, aunque hoy me cuesta escribir esa palabra, aunque hoy la siento hueca, sin sentido, sin entender ni poder dar una explicación a lo que viví ayer y sin fuerza para arrancarme ese fantasma de la cabeza. Ese que quiere llevarme de esta experiencia de vida y que cada vez tira con más fuerza. ¡Vete de aquí, deja en paz mis pensamientos! No vuelvas a poseerlos con tus garras que duelen y aprietan con tanta fuerza volviéndome tu presa. Me defiendo, pero me dejas sangrando cada vez más fuerte y se me nubla la vista. Hoy solamente veo por un pequeño resquicio un rayo de luz que apenas parece aparecer. ¿Dónde están mi paz, mi esperanza, mis ganas? ¿Por qué me dejan? ¿Por qué no logro verlas cuando me lleno de oscuridad? ¿No se supone que ustedes sean mi luz? Quiero despertarme completa de esta pesadilla y no en pedazos.

Hoy es uno de esos días en los que no encuentro un lugar, de esos en los que no alcanzo a ver la luz, en los que todo dentro de mí es oscuro, en los que me avergüenzo de haber caído tan profundo y de haber gritado por ayuda de la que ya no me siento digna de recibir. Me siento tan perdida, estoy en el fondo de la espiral, me agarro de lo que puedo con las uñas que ya casi no tengo. Cada caída se merman más la fuerza y las ganas, no le encuentro explicación a este deseo de huida, porque no huyo de algo que esté fuera, me alejo de mí, del eterno enemigo que vive adentro de mi mente y que a pedacitos me devora el alma.

Hoy no siento ganas de vivir, no encuentro un motivo, pero sigo aquí. ¿Hasta cuándo? ¿Cuánto tiempo y cuántas veces más? Cuanto más brillante está la luz y más vibrante la esperanza, más fuerte tira a hundirme esa fuerza invisible que no ha querido irse nunca de mi mente. De lo que pasó ayer no recuerdo casi nada, sólo veo como en fragmentos de un sueño, pero sin realidad. Me desconecté de estar presente y hoy no tengo cara para los que presenciaron mi caída, ese deseo tan profundo de terminar el sufrimiento que siento autoinfligido, pero sin tener yo la fuerza suficiente para arrancarlo de mí, aunque de mí provenga. Tuvieron que cerrarme la puerta de mi casa y esconderme las llaves del carro para cuidarme de mí misma en esta locura de desconexión. Me dolió saber esta mañana que mi hijo de dieciséis años salió a llevarme a caminar en mi estado de inconciencia; de haber estado consciente, no lo hubiera hecho pasar por eso. ¿Cómo les explico lo inexplicable, lo que ni siquiera yo entiendo? ¿Y si mejor me voy?, ¿si mejor termino esto de una vez? Me duele tanto saberme así, tan depresiva, tan incompetente para algo que debería darse tan natural: VIVIR. ¿Cómo creé este infierno, esto que me consume? Dios mío, si voy a seguir aquí, ¡no me sueltes! Dame fuerza, dame amor, dame unos ojos que no me desprecien tanto como estos que tengo, estos ojos de adentro que me aborrecen; dame una mirada más compasiva y menos cruel, porque si sigo viéndome a través de los mismos ojos con los que me he visto, terminaré quemándome y extinguiré mi existencia para no tener que soportar más el dolor. Señor, tú conoces mis esfuerzos por seguir, por cambiar de percepción. Sabes de mi búsqueda constante por encontrar un rincón de paz, un rincón en el que me abrace con todo esto que soy y que tanto rechazo. Cada vez que siento acercarme a ese rincón de paz vuelvo a huirle y me alejo de ese lugar en el que la luz me alcanza, como si me diera miedo estar en ese espacio que casi no conozco. Pocas veces he estado ahí y por corto tiempo. Quiero quedarme, no donde encandila la momentánea claridad, sino donde hay una luz suave de calma y paz. Hoy no tengo tranquilidad, no veo nada, hoy quiero dormirme. Aleja de mí esa ilusión en donde veo a los brazos de la muerte ofrecerme remanso, ayúdame a ver que esa calma que veo en ella es falsa, es una burla irreal vestida de colores que confunden, pero detrás de eso está la absoluta y eterna oscuridad. Sostenme, hazme llegar a la aceptación que me lleve a la paz que busco y que tanto anhela mi alma dentro de esta vida. Ayúdame a quedarme, cuídame de mí misma, dame un sentido, entrégame tu amor, tu luz y tu descanso, porque sin ellos no puedo más.

BLANCA SÁENZ

DANDO LUZ AL MIEDO

Dejaré de pelearme con el miedo. Con ese gigante que se me presenta en diferentes horas del día. Es tan insolente que me despierta en mis noches de apacible sueño. Se viste diferente, pero siempre oscuro. Algunas veces basta la voluntad para silenciarlo, otras tantas esa misma voluntad siente que des-

fallece y no puede más, y con el soplo de lucidez que aún me queda busco quien me ayude a sentir que esa opresión en el pecho me deja respirar de nuevo; y así consigo, sin depender de las ganas, sino más bien de una decisión y un compromiso, enfrentar las horas que en esos días se hacen más largas. Ha habido tantos momentos en los que el miedo viste el traje negro de la depresión y la desesperanza que me siento diminuta frente a él; sin embargo, tampoco aparece el coraje suficiente para tomar la decisión definitiva de dejar todo lo que me pesa y a la vez abandonar también todo y todos a los que amo.

Sí, tengo miedo, miedo a que un día ya no me detenga nada y del otro lado no encuentre la paz que busco. Deseo no volver a sentir que caigo en una espiral de pensamientos rechazantes que me nublan la visión del todo, sólo veo el abismo del dolor que se agudiza con ese desprecio a mi cuerpo, a mis palabras, a mis actitudes y a mi falta de fortaleza que me lleva a caer de nuevo. En esos momentos la razón no es suficiente para limpiarme los ojos del alma y así poder mirarme en otro espejo que me dé sosiego. Cuando estoy ahí no valen las palabras de aliento que bien intencionadamente tratan de sacarme a flote, lo único que me rescata es la medicina que me desconecta, apoyarme en mis terapeutas, rogarle a Dios y estar con mis hijos físicamente, aunque mi mente se encuentre en un lugar mucho más lejano a la realidad. Tengo miedo, miedo de que un día realmente me pierda y entonces no encuentre ni siquiera esa rendija pequeñísima por la que entra un poco de luz, cada vez que esto sucede ese destello que me saca se hace más tenue, menos fuerte y mi aversión crece más. Cuando logro recuperarme y volver a estar presente pienso que no volverá a suceder, pero el juez implacable que tengo habitando dentro de mi cabeza me grita: "Por supuesto que no vas a poder, esta paz que sientes nunca podrá durar, eres una completa y absoluta decepción, volverás a caer". "Pero ve lo débil que eres que acabas pidiendo ayuda, ni siquiera tienes el valor suficiente que se necesita para irte de aquí, eres una tonta, inestable y estás condenada a vivir así, vete nada más; vuelves a pedir ayuda". "Termina de una vez, porque esto no durará. Ni siquiera te ilusiones pensando que puede ser diferente, no lo lograrás nunca. Verás que no durará, eres una ilusa creyendo que harás algo con tu vida. ¿Quién te crees que eres?". Quisiera sacar a esa voz de mi mente, pero ha vivido ahí todo el tiempo, siguiéndome a cada paso y arruinando mis momentos felices, llenándolos de miedos.

Un suicidio es un homicidio múltiple en que el homicida y la víctima son la misma persona; y es que son muchas las muertes, muere la persona, la madre, la esposa, la hija, la amiga, la hermana. De esto estoy consciente hoy que siento ganas de vivir, pero cuando se van me suenan a frases sin sentido porque no me siento suficientemente madre, ni mujer, ni esposa, ni amiga ni nada.

Hace pocos meses, en uno de esos episodios, recuerdo repasar en mi pensamiento mis despedidas, primordialmente la carta a mis hijos, a mi esposo y a mis terapeutas. Me subí al carro y me fui a una parte alta de la ciudad para estar sola, a prepararme a seguir o a no regresar; ese día quería tener a la mano una medicina que me adormeciera y me quitara la conciencia sin dormirme del todo, para así dejar de pensar y alcanzar el objetivo que traía dando vueltas dentro de mí.

Hoy estoy bien, me siento tranquila y con algo de esperanza, quiero que este lugar en el que hoy me encuentro, desde donde me acepto y me perdono por todos estos años en los que simplemente he sobrellevado los días, no se vuelva a esfumar en las nubes de mis pensamientos hostiles de no estar a la altura de nada ni de nadie ni de la vida misma.

Sí, tengo miedo, pero también tengo voluntad, que es la que me lleva a deslizar la pluma sobre este papel en blanco y escribir mis secretos más íntimos y severos. Esa voluntad que se verá fortalecida por haber sacado a la luz, a pesar de la vergüenza, todo esto que he sentido, pensado y deseado tantas y tantas veces. Sé que es fuerte lo que he escrito, pero me rehúso a escribir sin honestidad en las palabras, porque lo que no brota del alma, no penetra en el corazón. Lo falso es vacío y una hoja llena de mentiras es más hueca que una página en blanco. Por eso escribo desnudando el alma, para alumbrar la oscuridad de mis miedos y quizá mis palabras den luz a las sombras de alguien más.

BLANCA SÁENZ

"Solamente tiene poder a lo que tú se lo otorgas. Si permites que la culpa se hospede en tu vida perenemente, terminará por carcomerte el alma. Si por algo sientes culpa y lo puedes resolver, hazlo, y si no, solo suéltalo". BMS.

CAPÍTULO 16

LA CULPA

La culpa, el huésped vitalicio que ha ocupado todos los rincones de mi alma, el de la mujer, el de la niña, el de la hija, la madre, la esposa, el de amante, el de amiga, de hermana, la profesionista, todos, me ha servido para quitarle espacio al absurdo miedo de fallarles, de fallarme, de perder lo que amo, de quedarme sola, de vivir, a ser auténticamente yo. La culpa ha gozado en mí de todos los privilegios, se ha apropiado de mis respuestas, ha movido los hilos que le permití atar a mis manos y pies. Y ¿quién es esa culpa?, ¿qué autoridad o qué rango representa para poder estar tan llena de prerrogativas y concesiones? La he tratado como a un invitado de la realeza, como monarca reinante en todo el territorio de mi vida; cual visir ha sido escuchada por mí para tomar decisiones con demasiada cautela, tanta que me ha robado amores, experiencias, fiestas, espacios, salud, e impedido que me adentre aventuradamente en otras posibilidades de la existencia.

¿A quién le compré pagando con el valioso oro de mis instantes la idea de que tengo algo que purgar permanentemente? Las decisiones desatinadas y las caídas llevan ya en la misma vivencia una consecuencia que nos enseña, ¿por qué entonces agregar penitencia solo para intentar saciar la insaciable bestia, la culpa? ¿Culpa de qué? ¿De haber nacido niña? No soy fruto del capricho de nadie, mi existencia en este mundo es parte de un plan perfecto de mi Creador y soy amada porque mi naturaleza es el amor y en él no hay espacio para la falsa culpa. ¿Culpa por crecer y que la naturaleza y mi biología me hayan dado curvas pronunciadas capaces de despertar pensamientos de deseo, algunas veces inocentes y otros perversos? Estos últimos no tienen que ver conmigo, sino con la mente de quien los tiene y, más aún, de quien los ejecuta para saciar su propia lujuria.

Reconozco que he sentido todas estas culpas y muchas más: culpa de querer sentirme aceptada y hacer malabares enfermizos para merecer atención, cariño, aunque terminara inspirando lástima; esa mirada era en ese entonces mejor que nada para mí. Culpa de síntomas y diagnósticos, de buscar en otras personas la figura protectora. Culpa de todo lo que mi inconsciente provocaba. Culpa de pasar un rato alegre con mis amigos. Culpa de costar mucho y generar lo que yo misma consideraba poco. Culpa de no ser la esposa y ama de casa perfecta, de no lavar los platos, de no despertar el deseo dormido de mi esposo en ninguna talla. Culpa de no voltearme de cabeza para sostener a mis padres, de tomarme un café de cincuenta, de querer arreglar la pared humedecida de mi cocina, de anhelar una terraza con un sillón colgante para pensar y ver el cielo.

La culpa no ha sido para mí como un vestido que no suelo quitarme; por desgracia, la culpa se convirtió en mi piel. Es por eso por lo que, en este camino en el que empiezo a desprenderla, siento tanto dolor, porque al quedarme sin piel, me queda al rojo vivo el alma. Pero hoy suelto la seguridad que me daba culpar y culparme. He ido preparando un ungüento con amor propio y ajeno que ahora me calma, me alivia y me sana mientras se va cicatrizando mi alma.

"Necesitar ayuda no habla de debilidad, por el contrario, es un acto de valentía y humildad. Algunas veces la recibiremos y otras tantas la daremos; ambas cosas, dar y recibir, son regalos del amor", BMS.

CAPÍTULO 17

PEDIR AYUDA

Pedir ayuda, una acción que muchas veces nos cuesta el orgullo que nos queda y que a mí me ha mantenido viva. Los milagros existen, sin embargo, no todas las veces son de la manera como esperaríamos verlos: con la sanación espontánea de un enfermo desahuciado o con otras cosas extraordinarias. Los milagros están más presentes de lo que nos percatamos en lo ordinario, vienen del amor y el Creador nos permite participar en ellos; es decir, algunas veces seremos cocreadores de milagros y otras los recibiremos. A mí me ha tocado ver muchos a lo largo de mi vida. Como lo dije, el ingrediente principal de los milagros es el amor, ese que nos mueve a unirnos como seres humanos y apoyar a los que han sido víctimas de un desastre natural. No es que los panes se multipliquen por una clase de magia, sino que mágicamente el amor une los corazones y el pan que cada uno comparte es parte de la multiplicación. El milagro es tener al lado a un desconocido que se conmueva contigo y te muestre su apoyo en un abrazo. Así son, esa es su magia.

En mi vida he estado rodeada de hacedores de milagros que me han rescatado de los escombros, de esos que tengo en mi cabeza que aprisionan y asfixian cuando la esperanza no aparece dentro de mí. Hasta hace muy pocos días no conocía el nombre de mi diagnóstico psiquiátrico y psicológico, lo pregunté entonces a mi psiquiatra y a mi psicóloga, no fue fácil ni agradable leer: "Son varios, aquí te menciono algunos: trastorno de ansiedad generalizada, trastorno depresivo mayor recurrente, trastorno de personalidad infantil dependiente, negligencia infantil confirmada, abuso sexual infantil confirmado, trastorno de la conducta alimentaria, maltrato psicológico infantil confirmado, vínculo desorganizado con figuras parentales". Después de años, cuando le puse nombre, le di voz, primero, me paralicé y después abrí los ojos sacando de donde pude valentía para darles la cara como mujer adulta que soy. En el fondo he deseado seguir siendo niña y he buscado protección, mi yo no ha sido un lugar seguro y es por eso por lo que he buscado ayuda de las personas en las que más confianza tengo; he buscado la aceptación, la aprobación y el amor que no me he dado yo misma, porque no he sabido de dónde sacarlo, mi pozo ha estado vacío desde hace mucho tiempo; por voltear a sacar agua de fuentes de las que no brota, he dejado correr aquella que me ofrecen los manantiales de quienes tengo cerca. El haber puesto mi mirada solamente en el lado oscuro de mi historia me ha robado muchas veces la paz que pueden brindarme los colores del presente. El dolor del alma no se mide, no se ve y por eso es muy difícil aceptarlo y comprenderlo, pero no deja de ser real.

He tratado de estar de pie y usar la energía que me queda para mi familia: mi esposo y mis hijos, y esto no ha sucedido sola, hay a mi lado dos personas que me han sostenido de manera especial y me han enseñado a pedir ayuda cuando lo necesito, me han dado la confianza de que sin importar las veces que me caigo puedo decirles y me ayudan a que pasen las crisis sin juicios, haciéndome fuerte, Pily y Andrés han sido muchas veces mi lugar secreto de refugio seguro.

Gustavo mi esposo ha sido también otro hacedor de milagros; aunque no entiende del todo lo que siento y a veces no ha querido enterarse de los detalles, está ahí conmigo, me hace sentir bien su compañía, con todo y sus propias fragilidades; su práctica manera de ver la vida me saca algunas veces de mi enredo de pensamientos que lo cuestionan todo y su sentido del humor alegra mis días.

Mis amigas han participado también muy de cerca en el milagro de mi vida, con su presencia, su cariño; no se han dado por vencidas conmigo y me han ayudado a levantarme innumerables veces.

El dolor que se experimenta cuando no te sientes suficiente, cuando el juez en tu cabeza te grita todo lo que haces mal o lo que deberías hacer mejor de lo que ya lo haces, no se localiza en ningún lugar, se siente en cada parte del alma; la mayoría de las veces no se ve por fuera, algunas otras veces puede anidarse en la mirada, aunque generalmente solo quien lo experimenta puede contemplarlo. Me pasa muchos días, muchas mañanas en las que tengo que decirle a mi mente que se calle, que yo me voy a levantar y voy a seguir y que el desgano y el miedo van a pasar y a mediodía seguro me sentiré mejor; la mayoría de las veces es así, otras no. Sin embargo, he aprendido a dejarlo pasar y mejora cuando veo la familia que tengo, cuando tomo un café con mis amigas, cuando me siento tranquila en mi casa y cuando escribo, entonces empiezo a llenar mis pensamientos de agradecimiento y a sentirlo desde el corazón. Así continúo. Con el tiempo he tomado herramientas de las terapias, los talleres, las lecturas y con ellas he aprendido a llevar mejor la vida, a disfrutarla a pesar de los ratos en que la depresión o la ansiedad se asoman. Pido ayuda cuando la necesito,

Podemos creer que la generosidad está siempre en dar, pero también está en el recibir, que es un acto de amor porque le otorgamos al otro la oportunidad de darse, de esa manera también lo hacemos feliz. Es hora de volverme cocreadora con Dios de los milagros de mi vida, dejar de anhelar seguir siendo una niña y convertirme en la mujer de más de cuarenta años que está viva y que abre los brazos para recibir todo lo que la experiencia le ofrece y prepara sus pies para salir a recorrer el mundo con otra mirada, y continúa escribiendo su historia y viviendo cada instante presente, ; y si necesita ayuda, vuelve a pedirla porque sabe que cuando alguien la necesite a ella estará dispuesta.

"No siempre las personas que más transmiten a Dios visten hábito", BMS.

CAPÍTULO 18

DIOS NO SE HA IDO Y NO SE IRÁ

Ha sido largo el camino para reconocerme en aquellos lugares secretos del mediodía en los que lloraba una niña desde los dos; en esos lugares en los que a sus siete años aprendió a callar y a volcarse en un lugar en el que era buena: la escuela. En esos lugares secretos, hoy, ya con más de cuarenta, finalmente me reconozco y me abrazo como una mujer amada, valiente y valiosa. Para Dios no hay tiempos, son solamente procesos, circunstancias que si así lo decidimos nos enseñan y suman sabiduría y humanidad a nuestra existencia. Dios nunca se ha ido. Al momento en el que escribo esto pienso en lo que Jesús nos dijo: "Vuestro cuerpo es templo del Espíritu Santo" y entiendo las palabras porque en cada uno mora Dios, su espíritu es inseparable del nuestro y podemos encontrarlo en donde sea. Ahora que se abrieron los ojos de mi alma con todo el amor de mi Creador, cambió el sentido de estas palabras, es algo mucho más grande que el solo cuidar o guardar la pureza porque somos templo; es vivir, amar a todo cuanto vive desde ese amor que viene de Dios y que es verdadero y, por lo tanto, incondicional. Es amarnos a nosotros mismos y a nuestros tres cuerpos (físico, mental y espiritual), hacer las paces con quien somos, con nuestra esencia y todas sus características. No lo sé, quizá a eso venimos a este mundo, a conocernos y nuestras relaciones con otros, ya sean lindas experiencias amorosas o vivencias que lastiman y duelen y que nos muestran la parte más densa del ser humano, nos llevan a eso, a crecer, a reconocernos.

En mi caso, lo que he vivido me ha enseñado a validar lo que pienso y siento. Todo lo que escribo quiero hacerlo desde el amor y el agradecimiento también hacia quienes parecieran no merecerlo, porque su presencia en mi vida y sus acciones me han llevado a la constante búsqueda de estar mejor, de sanarme, de encontrar ese otro lugar en el que puedo sentirme bien y conocer a personas valiosas que se han convertido en pilares importantes para mí.

Dios nunca se ha ido, no se aleja ni un segundo; en mi camino puso, a cada paso, a alguien para acompañarme y darme fuerza e inspiración, para tomar aire y seguir respirando, a pesar del dolor de ser yo, la mayor parte de mis días, dividida en dos: la que quería luchar y seguir porque guardaba la esperanza, como el patito feo, de un día convertirse en cisne, y la otra que deseaba rendirse y escapar, bajarse del tren de la vida porque el camino le parecía siempre cuesta arriba.

Verme me costaba lágrimas, renuncias a momentos, noches de insomnio y mucha soledad acompañada. Lo más difícil era que no sabía o no podía ver de dónde venía ese dolor, y eso me llevó a juzgarme más y a no entenderme. Un día de esos muy grises a los veinte años, quería desaparecer y me encerré en mi cuarto a decirme todo lo que me odiaba, buscando la manera de quitarme la culpa y terminar con mi peor enemiga: yo misma. Pensaba en si mi ausencia se notaría, si le haría falta a alguien. Inundada por una tormenta de insuficiencia y autodesprecio, me recosté en mi cama, tomé papel y una pluma y las palabras empezaron a salir de aquel cáustico silencio y escribí algo que titulé "No vale nada la vida…" y un fragmento me sacudió de manera especial:

"Llévate mi vida, te la doy, te la ofrezco para que aminores los dolores de tanta gente…".

La voz de Dios (mi interlocutor) respondía así a tan temeraria oferta:

"¿Y qué valor tendrá para mí tu vida si para ti no vale nada? Mejor dame algo que ames".

Aquella voz de Dios no venía del cuadro de Jesús que colgaba de mi pared, venía de adentro, venía de mí, era mi voz con la luz del Espíritu Santo, que me mostraba que la verdad era que quería vivir, aun con todo lo poco que aparentemente me importaba mi vida en esos momentos, y me llevaba a través de mi escritura a recorrer lo que era valorado en mí y todo lo que rechazaba de la vida. Así ha sido Dios conmigo, presente, y María, cargándome para levantarme y acogerme en su regazo, en su Santuario, en un rosario. Por este y por todos los momentos en que me he sentido nada, sé que Dios nunca se ha ido y nunca se irá. Hoy que escribo, está aquí conmigo.

Una vez ya casada y con mis dos primeros hijos, en otro de mis episodios depresivos en los que quería borrarme, Jesús se presentó de nuevo en mi pensamiento. En ese entonces tenía motivos fuertes para vivir y no dejarme llevar: estaban mis hijos pequeños, completamente dependientes de mí y de mi cariño y vulnerables; yo continuaba siendo mamá, llevándolos a sus clases, bañándolos y dándoles lo mejor que podía, así que frente a ellos tenía que estar bien y estar cuerda, sobria y atenta, aunque por dentro estaba odiándome y derrumbándome. No quería que ellos no tuvieran una mamá que los cuidara y los amara. Sin embargo, muchas veces también llegaba a pensar que quizá estarían mejor sin mí, que les estaba quitando la oportunidad de tener una mamá bonita, delgada y perfecta.

En esa ocasión, una amiga, a quien ahora que escribo ya no veo tanto, pero que igual la siento cerca, me llevó con una señora que hacía meditaciones, era terapeuta de *thetahealing*; yo desconocía todo acerca de eso, pero me puse en manos de Dios y fui a verla. Desde el momento en que entré y la vi, sentí paz, era una señora serena con una voz suave y mirada muy compasiva. Entré a su consultorio y me recosté en la camilla, un poco escéptica y aun así con esperanza de encontrar alguna respuesta. La señora pasó sus manos sin tocarme por todo alrededor de mi cuerpo, así, sin hablar; mi pensamiento de repente divagaba por todos lados e intentaba volver a mi respiración. De pronto, mientras estaba pidiendo a Dios y a María que me ayudaran y me acompañaran en todo momento, en mi imaginación vi a Jesús sonriendo y me vi de niña, con mi vestido blanco favorito, con mi corte de cazuelita y el moño que me hacía mi nana; llevaba una hoja con algo escrito y corría a los brazos de Jesús, que estaba envuelto en una luz rosa y sonreía mientras yo le entregaba mi trabajo. Entonces me cargaba y me abrazaba sonriendo feliz. La imagen duró unos instantes, pero perdura en mi memoria ese Jesús amoroso que abrazó a la niña que yo siempre había rechazado.

En otros momentos volvía a esa imagen y me daba fuerza; no obstante, en otras tantas de mis depresiones me iba tan profundo que ni siquiera recordaba y no podía sentir que mereciera la mirada de Dios. Entonces aparecía en forma de mis terapeutas, que me volvían a dar la ayuda para sacarme a flote, aparecía en mis hijos, que me hablaban y me pedían algo; aparecía en Gustavo, que me acompañaba y me llevaba a dar una vuelta; aparecía en mis amigas del alma, que no se rendían conmigo; en mis hermanas y mis cuñados; en mis sobrinos; en mi papá, como abuelo amoroso con mis hijos. Aparecía en una llamada de mi madre, en una canción, en el grupo de amigos que me hacían reír, en cursos, en lecturas y, finalmente, en este taller de escritura autobiográfica que me ha llevado a validarme, y en mi maestra y mis compañeros, que se han convertido en amigos y confidentes entrañables. Ahí ha estado Dios. Dios no se ha ido y no se irá.

"Amo incondicionalmente y sin juzgar, aun así, si tengo que alejarme lo hago desde ese mismo amor que todo ser merece", BMS.

CAPÍTULO 19

EL MEJOR REGALO: DEVOLVERTE TU RESPONSABILIDAD

Un fin de semana, estando en casa de uno de mis cuñados, sucedió algo que me abrió los ojos de una forma inesperada. Mi cuñada se sintió mal y, al tratar de ayudarla, la acompañé a vomitar, pensando en que era probable que estuviera teniendo un problema cardiaco y movida por el deseo sencillamente de ayudar. Para mi sorpresa, manoteó diciéndome: "¡Vete de aquí!".. Me sorprendió y me dolió escuchar esa frase; sin embargo, hoy la gradezco porque me abrió los ojos para voltear a mirarme. Me regresé a la mesa, traía un nudo en la garganta, y no por lo que me hubiera dicho, sino porque caí en cuenta de que muy continuamente tomaba responsabilidades que no me correspondían. Mi cuñada se disculpó por medio de su hija y verdaderamente la entendí, supe que lo hizo desde la pena que le daba frente a mí.

Cuando salimos de la casa de mi cuñado, ya en la camioneta y viendo a Gustavo, empecé a pensar en ese día tan normal que para mí se había convertido en uno de esos días en los que la vida nos da una lección en una frase de tres palabras ("Vete de aquí") que pareciera resumir un tratado de tres tomos llenos de sabiduría. Lo vi como si ya hubiera aprobado algunas materias y ahora había hecho parte de mi examen de la materia "Amor Propio" capítulo "Nuestros Límites" apartado "Cómo no romperse por mantener completos a los demás". Pensé en todas las veces en que, para evitar que los demás se sintieran mal, me puse en medio. Recordé cuando murió mi suegra y me pidieron que me encargara de la organización de la misa, lo que me ocasionó un problema con uno de mis cuñados, y no era solamente con ellos. Se me vinieron a la mente todas las ocasiones en que mis hijos necesitaban algo de su papá y yo tenía que decirles el momento oportuno para que no se enojara y no entraran en conflicto, cuando eso no me correspondía. La relación con su papá es responsabilidad de Gustavo y de ellos, yo ya no deseaba ponerme para recibir el primer impacto, ya no.

Gustavo es muy responsable y es un excelente compañero, un ser humano sensible que trabaja como hormiguita todos los días y está al pendiente de que no falte nada, me apoya con las cosas de la casa y al igual yo también intento apoyarlo. Aun así, hay cosas en las que no podemos tomar la responsabilidad por el otro y lo mejor que podemos regalarle es la oportunidad de hacerse cargo de la parte que le corresponde. Él es mi compañero, pero no puede salir de las depresiones por mí; de igual manera, yo no puedo hacer lo que a él le corresponde. Como matrimonio somos una pareja que disfruta la compañía del otro, compartimos y la pasamos muy bien juntos, me gusta la vida que llevamos. Existe un aspecto que es el punto débil en nuestra relación y lo único que diré es que muchos años me sentí responsable de que ese aspecto no funcionara; hoy sé que no tiene que ver conmigo y, después de lo que sucedió en casa de mi cuñado aquel fin de semana, solté esa culpa y le regalé su responsabilidad; no sucumbí a su mal humor y a su seriedad cuando finalmente puse en sus manos sus decisiones y sus pasos a seguir, y, aunque me costaba verlo así, fue el mejor regalo que pude darle. Esa área de nuestra vida estaba en sus manos y el rumbo que tomaría también, porque yo ya había hecho todo lo que había podido hacer. Después de ese día me siento mucho más tranquila y él ha tenido más espacio para estar mejor.

Tomar responsabilidades que no nos corresponden es robarle al otro la oportunidad de crecer, de aprender lo que necesita. De igual forma, nos estamos robando a nosotros mismos la posibilidad de tener más paz. Y no solamente con respecto a Gustavo, sino en todo. Ahora quien dice "¡vete de aquí!" soy yo, otorgando el regalo de su propia responsabilidad a quien la tiene y tomando la mía para hacerme cargo.

"El quehacer del escritor consiste en tomar palabras de los silencios, para plasmar lo que muchos quisieran decir
y otros necesitan escuchar", BMS.

CAPÍTULO 20

AMAR, CANTAR, PINTAR Y ESCRIBIR: MIS PASIONES

Amar, pintar, cantar y escribir conforman la tetralogía favorita de mi imaginación, las protagonistas de mis horas de creatividad. Recibí de mi Creador el don de la sensibilidad, de poder transportarme con la mente a lugares vibrantes sin censura y plasmarlos de alguna manera en creaciones sencillas y muy mías. Me siento viva cuando me pienso enamorada, cuando me vacío en las hojas en blanco por las mañanas, cuando escucho la música que me lleva a personas, lugares, épocas de mi vida que ya han quedado grabadas en la historia y también aquellas que sueño. Me siento viva cuando dejo los prejuicios y escribo sin censura, a veces con significado y otras tantas sin sentido. Vivo cuando pinto o dibujo en el lienzo o en la imaginación. Cuando canto la canción de "El Brindis" con todo el aire de mis pulmones y la capacidad de mis cuerdas, y me acompaño de mi guitarra y recuerdo mis amores y desamores y las ilusiones y las desazones de la vida con las letras y las notas, y bebo agua como si fuera tequila; me gustaría beber tequila como si fuera agua cuando la vida aprieta más fuerte y necesito que mi garganta se abra para llorar en canciones lo que requiere mi corazón. Me siento viva cuando dejo volar la imaginación y, si estoy en un lugar en el que me siento incómoda, imagino que estoy en otro sitio, porque, aunque parezca un sinsentido, sublimo mi apasionamiento, mis ganas y amo hacerlo. No es locura, es vida, y por mi vida me permito mi tetralogía, mi receta personal de la tranquilidad: cantar, escribir, pintar y amar.

Cantar, aunque sea en silencio.

Escribir las hojas que sean necesarias.

Compartir de todo con el gran hombre que elegí y elijo.

Abrir cada día con novedad y admiración, experimentando cada cosa como si la tuviera por primera vez.

Escuchar la música de todo lo que me rodea.

Callar los juicios.

Abrazar.

Moverme libre.

Saborear lo que como.

Pintar lo que quiero.

Viajar con la mente.

Cocinar sin receta.

Abrazar con fuerza.

"La sencillez de los detalles se valora en el tiempo y se guarda como tesoro en el corazón", BMS.

CAPÍTULO 21

SOPLA

El quehacer del escritor consiste en tomar las palabras de los silencios para expresar lo que muchos tienen que decir y otros necesitan escuchar.

Hoy que escribo, ese silencio está adornado por un mosaico inmenso de emociones: el dolor y el agradecimiento se mezclan, tanto así que la pluma se confunde sobre mi anhelada página en blanco, en la que me vacío cada mañana o cada vez que la necesito. La piel de mi alma transpira llenando de recuerdos todos mis espacios al momento de plasmar sobre el papel esto.

Corre el mes de febrero del año 2021, muchas cosas están sucediendo en nuestro mundo; sin embargo, a mí me parecía impensable que lo fuera a sentir tan cercano, lo leía en las redes sociales, lo escuchaba en las noticias o en personas cercanas a algún amigo o conocido, jamás imaginé que aquella hermosa mujer de ojos grandes tan importante en mi vida fuera a ser tomada por las garras indolentes de ese traicionero e impredecible enemigo. En los últimos días de enero, mi mejor amiga, mi hermana del alma me dijo: "Mi mamá dio positivo a COVID, pero se siente bien, solamente un poco de dolor de garganta y siente tapada la nariz y el oído, pero ya la vio la doctora". A la semana siguiente, yo pensaba que todo iba mejor, porque mi amiga me había dicho que iban a irse ella, su esposo y sus tres niños al rancho. Una mañana llegó un mensaje a nuestro grupo: "Les encargo si saben de un tanque de oxígeno". Le marqué y me explicó que la oxigenación había bajado y que había comprado un concentrador, pero que ya no era suficiente. Ella es hija única y su padre, un hombre alto y fuerte, a quien también quise mucho, falleció doce años atrás, así que las decisiones recaen en ella y en mi compadre, su esposo. Estuve en contacto con ella por mensaje todos los días. Por respeto a la hermosa señora de ojos grandes y a mi entrañable amiga, no entraré en detalles, solamente diré que me tocó estar presente cuando finalmente partió al corazón de Dios y que me siento agradecida por haber estado al final, por dura que haya sido la experiencia. No podía creer que ya no estaba, sentía que en cualquier momento la hermosa señora de ojos grandes iba a despertar y a decirme: "Ay, Blanca Margarita, qué cara de susto traes; a ver, muchachitas, vamos a ordenar esto aquí, que yo así no puedo". Sé que así tenía que haber sido y que nada podía cambiar las cosas, también estoy segura de que está contenta de no haber estado sola al final y de ver todas las muestras de cariño hacia ella y hacia la linda hija que formó. Así, en doce años, mi amiga despidió a sus padres y yo me despedí de dos personas muy importantes en mi historia.

Mientras la tinta se vacía en mi hoja, desearía tener pluma de poeta para que lo que escribo de ellos se leyera tan lindo como lo veo en mis recuerdos. Aquel día triste por la tarde, fueron dos amigas, también de mis mejores y que son parte de nuestro coro, cantamos algunas canciones que le gustaban a la hermosa señora de ojos grandes y platicamos recordando lo especial que era para sus cosas y lo de unas pastillas que me encargaba a veces de Estados Unidos, que tenían que ser marca *Breath Savers* y de las verdes, ninguna otra. Era una señora tan alegre, sabía escuchar, te hacía preguntas, se interesaba en lo que le platicabas, era muy exigente con ella misma: no le gustaba quedar mal; tenía una personalidad que la hacía no pasar desapercibida nunca. A todos los que la conocimos nos hizo sentir especiales. No se le escapaba ningún detalle, aún al final estaba al pendiente de todo. Muy organizada. Le gustaba la música, el flamenco y el baile, y la compañía de amigos. Yo pude confiar en ella y sentir todo su apoyo cuando la necesité.

El 13 de febrero, un día después de su partida, me fui con mi esposo a Ciudad Valles, quien tomó la carretera libre por alguna razón. Esa vía la recorrí muchas veces con mi amiga y sus papás para los fines de semana más increíbles de mi juventud en la presa de Las Golondrinas. Ellos me hacían sentir especial. Nos íbamos riendo y cantando todo el camino. En una ocasión, se nos cayó la gasolina para las motos acuáticas en los *sleeping bags,* el papá se puso de malas, pero después nos reímos. A veces, de la nada, me marcaba mi amiga un domingo: "Dicen mis papás que estamos aquí asoleándonos en el jardín, que te vengas y hacemos una carne asada"; eso me hacía el día. No es que quiera describirlos como una familia perfecta, de ninguna manera, tenían sus propias complicaciones y problemas, pero a mí me daban cariño, aceptación, atención y alegraban mi vida.

De la hermosa señora de ojos grandes aprendí a ser la mamá que quería ser para mis hijos, quise ser como ella era con su hija: me pintó el cabello, me salvó en mis días más grises, me escuchó, me creyó, me llevó al psiquiatra y al endocrinólogo. Me reía mucho con ella de mis despistes y desparpajos. Después de la cena de Navidad me iba a su casa. Una vez estuve preocupada de que me dejaran de querer porque no pude conseguir para ella un abrigo que vendía mi mamá, y es que la verdad fue que no me atreví a vendérselo, sentí que estaba muy caro, así que ni siquiera le dije el precio.

Un fin de año jugamos Jenga y me sentí la más afortunada de tenerlos ahí. La señora de ojos grandes me prestaba su traje de esquiar para que me metiera a la presa sin que me dieran ansias, me enseñó a depilarme el bigote y también qué esperar la noche de bodas. Cada vez que nos veíamos era: "Ay, B blanca Margarita...", lo que terminaba en carcajadas.

La primera vez que escuché a mi hija María Paula reírse a carcajadas fue con ella. Estuvo cuando perdí a María mi bebé. Ella y su esposo fueron mis padrinos de lazo. Cantamos muchas rancheras: yo hacía como que tocaba y ellos como que cantaban. Ella me hizo juguetes para el baile de mi boda; todo perfecto, como le gustaba. Me acogió en su casa una vez que no quería regresar a la mía. Así de especial era para mí. La noche antes de casarme fui a visitarlas a su casa, a ella y a mi amiga, me sentía muy bien ahí; sin duda otro, de mis lugares secretos del mediodía. Por eso me siento bendecida de haber estado con mi mejor amiga, mi hermana del alma, en el momento de su partida.

El sábado cuando regresamos de Ciudad Valles, nos acostamos a descansar un rato Gustavo y yo; él prendió la televisión y empezó, como acostumbraba, a cambiarle los canales; se detuvo en uno en el que estaban explicando el proceso de hacer surimi, en un programa que se llama *Food Factory*, el cual nunca habíamos visto, nos quedamos en esa sintonía y me sorprendí enormemente cuando el siguiente episodio era "¿Cómo se fabrican las pastillas *Breath Savers*?". Sí, exactamente las que me encargaba la hermosa señora de ojos grandes. No podía creerlo y no pensé que fuera una simple coincidencia, porque no es nada común esa marca y nunca habíamos visto ese canal. No sé qué haya sido, pero me quedo pensando que se hizo presente para encargarme a mi amiga. La voy a extrañar.

El viernes le cantamos la canción de "Sopla" y también algunas otras de Alejandro Fernández y Rocío Dúrcal, a quien por cierto se parecía mucho. Ese mismo día de febrero, el viento soplaba y, efectivamente, sentí todo y pensé en la parte de ella que vive en su hija y también la parte de ella que llevo en mí, en lo que aprendí, en todo lo que me regaló al tenerla en mi vida. La llevo por todo lo que me enseñó.

Descansa, hermosa señora de ojos grandes, sabes que ella contará conmigo y sé que yo con ella; estaremos bien, no te preocupes. Camina hacia la paz eterna del Padre, donde nada urge, nada duele y nada falta, donde solo el amor pasa.

"Un día decidió darle la cara a la vida, no como quien enfrenta una batalla, sino como quien se presenta ante una antigua enemiga y deciden hacer las paces para volverse cómplices de osadas aventuras", BMS.

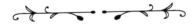

CAPÍTULO 22

LOS AMIGOS, LAS HERMANAS Y LOS COLORES QUE PINTAN EL MEDIODÍA

Mi autobiografía estaría incompleta sin este capítulo dedicado a mis amigos y a mis hermanas, así como mi sobrina mayor y su esposo, mis sobrinos y la esposa de mi sobrino, y mis cuñados, los que me han prestado sus lentes para ver la vida de colores, los que me han querido por ser la persona que soy, con todo y mis sombras, con mis depresiones y, como dice la canción del Rey, "con dinero y sin dinero". Mis amigos han traído a mi vida recuerdos de vivencias inolvidables llenas de risas. Evito los nombres porque no quiero que me falte ninguno, agradezco a Dios que mi lista es larga, heterogénea y hermosa. He sido muy bendecida con varios grupos de amigos y también con aquellos con quienes en común solamente tenemos la una a la otra, y eso basta. Tengo la amiga que la ha hecho de mamá, la que regaña, la que escucha, la que pregunta y te saca toda la sopa, la que te presiente y te marca cuando ni siquiera le has dicho que te sientes mal; también a las amigas profesionistas exitosas, las que me han enseñado a ser mamá, las que me elevan la dopamina, las que son como una casita de diferentes generaciones, las del jueves, que se juntan en cualquier otro día de la semana y conservan el nombre por aquellos días en que tenían el tiempo y la energía de juntarse cada jueves por la noche. Asimismo, cuento con la que compra de todo y la que vende de todo; los amigos que se visten de verde para despedirme en una de mis aventuras y que siempre me llaman "verdecita"; los que me pusieron la Criaturita y que fui parte de cupido; los pachangueros con quienes comparto todo tipo de pláticas y muchas, pero muchas risas; los amigos internacionales que veo en Facebook y de quienes me alegran sus experiencias. Los amigos con los que canto y hacemos noche bohemia. Las amigas que siempre me abren las puertas del lugar que siento como mi casita. Las amigas que veo ya poco, pero con las que atesoro muchos viajes en las épocas de competencias gimnásticas. Amigas despistadas que me hacen sentir que no lo soy tanto. Amigos doctores que me contestan cada vez que se me atora algo de la salud y que han aguantado mis desahogos de diferentes tipos en mis anestesias. Mis amigos de cuando he vivido en otros lugares.

Agradezco a Dios y a la vida por tantos amigos, y bendigo a cada uno de ellos por compartir risas, despedidas, separaciones, partidas y regresos. Los amigos son la familia que elegimos.

Por otro lado, y en un lugar muy especial, están mis hermanas, cuñados y sobrinos, los ratos que pasamos juntos de diversión, canciones, de bromas y que han estado presentes a lo largo de mi vida. Cada uno, con una característica que lo hace especial. La vida está llena de matices y hoy puedo decir que me siento agradecida por cada experiencia, cada día, cada dolor, porque de alguna manera me han llevado a conocer personas maravillosas con quienes he compartido en diferentes etapas de mi vida. Gracias, gracias, gracias, por iluminar mi vida de colores en cada rincón de mis lugares secretos del mediodía.

"Vi el árbol fuerte y quise convertirme en él, observé al pájaro libre y quise volar como él, contemplé la hermosura de la flor y quise parecerme a ella, miré al Sol resplandeciente y quise brillar como él. Hoy sé que no soy árbol, pero soy fuerte; no puedo volar, pero soy libre; no soy flor, pero, si lo deseo, mi actitud puede hacerme hermosa; no soy el Sol, pero soy luz a mi manera", BMS.

CAPÍTULO 23

UN, DOS, TRES POR ELLAS Y UN, DOS, TRES POR MÍ

Mi vida y yo no somos las mismas al terminar este taller de escritura autobiográfica, me siento dueña de mi vida y muchos de mis sueños se han materializado en abundancia en estos meses. Empecé el taller con alma de adolescente y concluyo con alma de una mujer adulta, muy agradecida por todo lo que se ha hecho presente en mi existencia al abrirme a compartir mi historia conmigo misma y con los demás.

Ahora soy yo quien dice quién sí y quién no en mi vida y qué es aceptable para mí y qué no lo es. Es momento de poner límites desde el amor y no desde el enojo, pues no hay razón para enojarse por algo que yo misma he permitido. Finalmente, tomo la responsabilidad de mi vida y de mis decisiones en mis manos. Lo que de niña no pude decidir fue vivir a destiempo cosas que correspondían a un adulto, pero hoy tengo la capacidad de elegir y de disfrutar cada aspecto de mi vida con quien escojo para compartirla.

Agradezco lo que el rechazo vino a enseñarme, ya no necesito experimentarlo, ya aprendí a aceptarme y a voltear a verme con aprobación, ya pude apropiarme del privilegio de quererme, de abrazarme con todo lo que soy, con amor y sin depender de quienes están afuera para sentirme una creación valiosa al igual que cada ser sobre la Tierra. Me abro al amor, a tomar en mis manos todo esto que soy y a disfrutar mi vida como un regalo, a darme los cuidados y el cariño que le doy a todo y a todos los que amo.

Hago las paces con la vida, dejo de depender de los aplausos. Empiezo a volverme amiga del espejo y a agradecer lo que me refleja. Decido vivir cada día como si fuera un nuevo principio, volteando a descubrir lo que los instantes tienen de especiales y de diferentes. Uso mi ropa como si fuera nueva, mis zapatos como si nunca los hubiera calzado; manejo mi auto como el día en que me lo entregaron la primera vez, volteo a ver mi casa y la descubro de nuevo. Abro los regalos de mis hijos, de mi esposo, de mis hermanas, mis amigas. Mi mirada es mucho más amorosa hacia mis padres, ya libre de todos los juicios, entendiendo que todos somos seres humanos haciendo lo mejor que podemos en esta experiencia de vida y consciente de que yo también he funcionado como maestra en la vida de otros, a quienes también les ha costado trabajo algún aspecto de mi personalidad y he lastimado, a pesar de que los amo. En eso está la maravilla de la vida, en las diferencias, en el tejido de las historias, en admirarnos, respetarnos.

Hoy que concluyo esta parte de mi historia, mis brazos están abiertos a la experiencia de todo lo que Dios tenga para darme y también para dar a quien pueda necesitarme. Espero que, al final de mi vida, cada ser que haya tocado con mi existencia me recuerde como necesite para su propio bien hacerlo.

En el borde del precipicio recordé que tengo alas. Ahora estoy aquí, agradecida, desde la madurez que me ha dado reescribir mi historia, con cada experiencia de vida, reconociendo que soy la suma de aprendizajes, amores, dolores, ilusiones, decepciones y una buena dosis de valentía, que es la que me lleva a escribir abierta y apasionadamente, a reconocer con la honestidad del alma a la mujer de casi cincuenta que hoy soy, a sentirme en paz con el corazón pleno, plasmando desde el amor, en esta incondicional página blanca que me permite fluir sin censura, la generosidad, la justicia y la equidad, las partes de mi vida.

Mis brazos están abiertos, deseosos de abrazar después de haber soltado tantas emociones en la bendición de la pluma y las palabras. Dejo de aferrarme a lo que ya no es y a lo que nunca ha sido, dejo ir las espinas que sostenía y guardaba en mi mente como un flagelo sin sentido, solamente así es como encuentro un espacio abierto y vacío para recibir lo que está aquí a mi lado y lo que tengo dentro. He terminado de escribir esta parte de la historia y aún tengo tanto que compartir: en la antesala de la creación se encuentra una historia de amor esperando ser contada.

Hoy, con el valor que he ido ganando mientras escribo me adueño de esta historia, puedo decir: "Un, dos, tres por ellas, por la niña, la adolescente, la joven que estuvo a punto de perder las alas"; hoy digo: "Un, dos, tres por mí, por la mujer madura que aprendió a usarlas y sobrevoló el caos interno". Hoy, con el corazón y el alma, digo gritando fuerte desde las entrañas: "Un, dos, tres por ellas y un, dos, tres por mí".

"Se bajó de aquel tren cargado de pasado y desde el andén del ahora lo vio alejarse con destino al agradecido olvido", BMS.

Blanca Sáenz Gárate

Nací en Brownsville, Texas, pero he vivido en México la mayor parte de mi vida, principalmente en San Luis Potosí. Viví cosas en mi temprana infancia que marcaron mi autopercepción de manera muy importante, recuerdo percibirme de niña como inadecuada y sucia. A partir de la adolescencia viví con bulimia, tuve depresiones desde muy chica; algunas veces ha sido muy severa y me ha llevado al filo del abismo, y otras tantas no se ha notado hacia afuera, porque de una manera u otra, con mucha ayuda, he continuado mi vida funcionando como una mujer "normal".

Me hice la cirugía de *bypass* gástrico (que mi padre me regaló), después de tener a mis hijos. He pasado más de la mitad de mi vida en una búsqueda por sentirme bien, suficiente, y en esta búsqueda me di cuenta de que escribir ha sido la balsa en la que he salido a flote cuando he sentido ahogarme en mis pensamientos. Ahora entrego este libro desde el amor y lo comparto como un instrumento que me llevó a encontrar mi luz.

Made in the USA
Middletown, DE
28 September 2022